Alle Rechte der Verbreitung, auch durch Film, Funk und Fernsehen, fotomechanische Wiedergabe, Tonträger, elektronische Datenträger und auszugsweisen Nachdruck, sind vorbehalten.

Für den Inhalt und die Korrektur zeichnet der Autor verantwortlich.

© 2012 united p. c. Verlag

Gedruckt in der Europäischen Union auf umweltfreundlichem, chlor- und säurefrei gebleichtem Papier.

www.united-pc.eu

Hannah Schneider

Wenn man Leben will, ist kein Weg zu weit

Eine wahre Geschichte über sexuellen Missbrauch und das Leben danach

Wenn man Leben will, ist kein Weg zu weit

Vorwort

Dieses Buch soll Aufschluss über die Befindlichkeit der Opfer geben, und es leichter machen zu verstehen, warum Betroffene so handeln, wie sie es tun.

Vorab möchte ich Betroffenen raten, wenn sie diese tiefgehende Beschreibung noch nicht verarbeiten können, dieses Buch nicht zu lesen, oder erst einmal jemanden zu fragen, ob der- / diejenige danach für euch da ist, um eure Befindlichkeit und eure Fragen zu klären, da es sonst viel auslösen könnte, was nicht gut für euch wäre.

Vielen Dank für das Lesen meines Buches…

Die Namen wurden Abgekürzt, ebenso wie die Orte, an denen ich mich befand.
Meinen Namen habe ich geändert.

Inhaltsverzeichnis

Kapitel   Seite

Der Anfang…………………………….. 7

Erste Anzeichen einer Essstörung……… 46

Ist Hilfe denn wirklich gut?……………... 72

Sicherheit sieht anders aus……………… 88

Wird alles wieder gut?………………….. 109

„Mach das Beste aus deiner Freiheit"….. 132

Kapitel 1

Der Anfang

Ich teilte mir mit meiner Schwester ein Zimmer und spielte dort mit meinen Puppen. Aus der Ferne drang eine Stimme: „Hannah räume eure Puppen weg, dein Bruder möchte auch noch spielen!"
Wie immer hörte ich auf meine Mutter und räumte brav die Puppen von mir und meiner Schwester weg, die gerade Fernseher guckte.
Ich war fünf Jahre alt und meine Geschwister nur jeweils 2 Jahre auseinander. Mein Bruder war drei und meine Schwester sieben Jahre alt.
Zu dieser Zeit nahmen meine Eltern mich aus dem Kindergarten, dies initiierte meine Mutter, da die Kindergärtnerinnen mir angeblich einen Schokokuss geben wollten. Aufgrund einer Glutenunverträglichkeit, darf ich den Schokokuss nicht essen.
Die Kindergärtnerin rief bei uns zu Hause an und fragte, ob sie mir auch einen Schokokuss geben

könne, wenn sie die Waffel abmachen würde.
Meine Mutter war, muss ich heute sagen, eigentlich nur besorgt um mich, was aber passierte, als ich in die Schule kam, war unbegreiflich, und für mich schwer zu verstehen, da es meine Eltern darstellen sollte.
Mit sechs Jahren schulte man mich ein, ich kam in die 1 a und war ganz stolz endlich in die Schule gehen zu dürfen.
Die ersten beiden Schuljahre gingen relativ schnell vorüber und ich schrieb zum Glück auch noch keine Klassenarbeiten, die mir bis dahin noch ein „glückliches" Leben bescherten.
Meine Eltern, stritten sich stets. Sie waren sich nie einig.
Das Hauptthema des Streites war häufig das Geld. Dazu muss ich sagen, dass meine Mutter nur kurzzeitig in einer Fleischerei arbeitete. Nach kurzer Zeit feuerte man sie und sie kümmerte sich danach auch nicht weiter um einen Beruf, da es ihr unwichtig erschien. Mein Vater arbeitete noch, der jedoch nicht wirklich viel Geld nach Hause brachte, um eine 5-köpfige Familie ernähren zu können.
Meine Mutter war stets sehr überfordert mit uns Kindern.
Mein Bruder war der Liebling meiner Mutter.

Als ich sechs Jahre alt war haute mein Vater im Sommer das erste Mal von zu Hause ab und wollte bei meinen Großeltern unterkommen. Meine Mutter schmiss meinen Vater aus der Wohnung, worum es ging, weiß ich nicht. Nach dem Streit, gingen wir an einer Straße spazieren.

Um uns Kinder kümmerte sie sich nicht. Meine Mutter sah plötzlich meinen Vater auf einen Weg, der von der Straße aus mündete und lief ihm hinterher. Der Streit eskalierte. Papa kehrte jedoch wieder zu uns zurück.

In der zweiten Klasse musste ich das einmal eins auswendig lernen. Diese Aufgabe überforderte mich immens. Weinend brach ich vor den Zahlen zusammen. Papa kam in mein Zimmer. Die Zahlen fingen an vor mir wegzuschwimmen. Angst überkam mich. Ich spürte eine Hand an meiner Wange. Ein brennender Schmerz schlug durch mich hindurch.
Papa's gewalttätigen Übergriffe wurden immer schlimmer. „Zieh die Hose `runter…" Eine Hand klatschte immer wieder auf meinem Po. Weinend bettelte ich, dass er aufhört. Doch je mehr ich weinte, desto härter schlug er auf mich ein.
Es waren die Hände und die Hausschuhe, die mir ab jetzt Angst machten, die Papa eine größere Kontrolle gab. Kontrolle über mich und meinem Körper.
Lange Zeit dauerte es, bis ich dann endlich mal wieder eine Pause hatte, in der ich durchatmen konnte.
so geschah das:

Du warst jedes Mal bei mir, und nebeltest mich ein, und gabst mir Schutz. dankbar nahm ich deine Hilfe an und verschwand, bekam nur Bruchstücke mit.
Eine Stimme, die immer in meinem Kopf bleibt, und

mich beschützt, die mir versucht Kraft zuzusprechen.

Es war ein eigentlich normaler Tag. Ich war ungefähr sechs Jahre alt, Papa "half" mir bei den Hausaufgaben.
Es war nicht nur das Schlagen..., er streichelte mein Po und fasste mir zwischen meine Beine.
Papa versuchte in mich einzudringen, es gelang ihm nicht.
Jede Minute nutze er ab jetzt aus, die wir alleine waren.
„Du musst üben. Dazu musst du täglich deinen Finger in den Po und in die Muschi stecken." Sagte er und ging aus meinem Zimmer.

Auch jetzt verstandest du nicht, warum du das machen solltest. Du warst viel zu klein, um zu kapieren, was dort vor sich ging.
Darum nebelte ich dich ein, damit du auch dies regungslos wegstecktest.
Du übtest viel zu viel und nahmst alles so hin, wie du es gesagt bekamst.

Nach dem Übergriff ging Papa aus dem Zimmer. Keiner merkte etwas. Mama fragte, ob es mir denn wenigstens wehgetan habe. Ich ließ mir nichts von dem Übergriff anmerken und antwortete ihr nicht. Viel zu normal war dies schon für mich. Da war sie wieder, die Kontrolle, die er haben wollte.

Nach diesem Vorfall blieb das Schlagen jedoch noch an Tagesordnung. Schlechte Schularbeiten durfte ich nicht mit nach Hause bringen. Auch alle

Hausaufgaben hatte ich gefälligst RICHTIG zu machen.

Es war dein zehnter Geburtstag, der Tag an den du dich immer erinnern wirst. Dein Geburtstag wurde wie immer nicht gefeiert.
Abends saß deine Schwester, dein Bruder und deine Mutter am Computer und „surften".
Du Solltest den Plastikmüll in den Keller bringen, da der dort immer gestapelt wurde.
Dein Vater hatte es vorgezogen den Bio- Müll nach draußen zu bringen. Ihr wohntet in einer Kleinstadt in einem Mehrfamilienhaus ganz oben im dritten Stock.
Du gingst schon vor, dein Vater kam nach und stellte den Bio- Müll unten bei den Briefkästen ab, und folgte dir.
Dir war eigentlich klar, warum er das tat, dafür hat er das schon viel zu oft mit dir gemacht, aber du fragtest trotzdem nach, warum er mit dir in den Keller ging.
Er gab dir zur Antwort, dass er im Keller noch ein Geschenk für dich hat.
Du freutest dich riesig, dass deine Eltern doch noch an dich gedacht hatten und gingst ihm nach. Doch im Keller angekommen, solltest du dich ausziehen.
Dir wurde jetzt klar, dass das was du machen solltest nicht richtig war, darum fragtest du nach. Du wolltest wissen, warum du es machen solltest. Daraufhin schlug er dich, und drohte dir das nicht weiterzusagen. Die Konsequenzen wusstest du, und du wolltest niemanden damit bestrafen, also hast du dich selbst bestraft.

Dein Körper sollte hungern.
Ich gab dir Zeichen, wenn du dich unter „Kontrolle" bringen solltest, oder ich dich beschützen wollte, denn dann nebelte ich dich ein.

Ich bekam immer nur Bruchstücke mit, vieles erleb ich im Schlaf wieder. Ständiges plötzliches Aufwachen aus dem Schlaf, begleitet mich. Große Angst wieder einzuschlafen ist mein nächtlich ständiger Begleiter. Es könnte jederzeit wieder passieren.

Nachdem mein Vater von mir abließ, war der Nebel verschwunden. Er zog mich liebevoll wieder an, sagte mir, dass das nicht so schlimm sei. „Das macht jeder Papa mit seiner Tochter."
Stimmt das, hatte Papa Recht?!

Nach meinem zehnten Geburtstag, wurde der Keller zum Tatort. Hier hatten wir „Ruhe" und waren ungestört. Die Übergriffe fanden fast täglich statt. Nach langem Üben, schaffte er es dann auch seinen Penis in meinen After zu stecken. So einen komischen Schmerz kannte ich noch nicht. Ich schrie einmal kurz auf, als er drin war. Dann tauchte *Inni* auf.

Dein Klotzkopfvater, baute im Keller für deinen Bruder einen Materpfahl für sein Projekt in der Schule.
Du solltest helfen, und er nahm dich mit nach unten. Im Keller angekommen solltest du deinen Vater erregen, und sein Glied in deinem Mund nehmen. Erbrechen durftest du nicht. Du solltest es

hinunter schlucken.
Nachdem du ihn erregt hattest solltest du dich auf deinen Rücken legen, neben den Bretterverschlag bei den Sandspielsachen.
Er hielt dir den Mund zu und steckte sein Glied in dich. Du hattest wieder Sex mit ihm, obwohl du es nicht wolltest.
Deswegen habe ich dir Nebel geschickt, du solltest nicht mitkriegen, was dein Vater mit dir macht. Aber es half dir nicht ganz so viel, wie ich es mir erhofft habe.
Klotzkopf machte seinen Gürtel zu. Der Gürtel mit der Adler- Schnalle darauf, den er immer an hatte, wenn er dich missbraucht hat. Du hast den Gürtel gehasst.
Nachdem er sich angezogen hatte, ließ er dich auf dem Kellerboden liegen, und du zogst dich selbst wieder an.
Danach solltest du in dem Zustand, in dem du warst, helfen den Materphal weiterzubauen. Du hast immer alles gemacht, was er dir gesagt hat. Er ist ja auch dein Vater.

Ich suchte nach Ursachen. Ich wollte wissen, warum Papa mir so etwas antat. Heute suche ich immer noch und gebe dem Alkohol die Schuld. Bis heute, probiere ich nicht einen Tropfen Alkohol (ich bin 19 Jahre alt). Den Alkohol, den er trank, versteckte er bei mir im Zimmer, in meiner Kommode. Warum habe ich es nicht weggekippt?! Da kommt sie wieder: die Kontrolle, die Papa hatte. Was fürchtete ich?
Wiederkehrende Missbräuche fürchtete ich. Schmerzen, Todesangst…, all das stand auf meiner

endgültigen Todesliste, wenn ich etwas gegen Papa tun würde.

Die Schule, in der ich mit elf Jahren „eingeschult" wurde, war eine tolle Schule, aber meine Leistungen waren in der fünften und sechsten Klasse sehr schlecht.
Wir hatten in beiden Klassenstufen noch keine Kurssysteme, sodass ich auch nicht richtig gefördert werden konnte.
An einem Freitag hatten wir in der letzten Stunde Mathematik, und wir bekamen unsere Klassenarbeiten zurück.
Ich schrieb eine sechs. Die Angst vor den Zahlen begleitete mich täglich im Mathematikunterricht. Meine Verbindung zu Zahlen, waren Hände und Hausschuhe, die mir wehtun würden.
Ich hatte große Angst mit der sechs nach Hause zu fahren. Nach der Mathematikstunde blieb ich mit meiner Freundin und meinem Mathematik-Lehrer im Klassenraum. Versuche mich zu beruhigen scheiterten. Weinend saß ich da, wie ein Häufchen Elend. Der Lehrer schlug vor, meine Eltern anzurufen. Ich fragte ihn, welchen Nutzen ich daraus ziehen könne. Er sagte mir, dass er meinen Eltern mitteilen wolle, dass das „nur ein Ausrutscher" sei.
Ich stimmte ihm zu. Auf dem Heimweg überlegte ich, wie ich meinen Eltern erklären könne, dass ich eine „sechs" geschrieben habe und, dass mein Lehrer auch noch anrufe. Als ich eine Nachbarin draußen neben Mama sitzen sah, ergriff ich die Initiative und erzählte es ihr im Beisein der Nachbarin. Ich war mir sicher, dass mir dies

weniger schaden würde.
Mama war jedoch sehr wütend und sagte, dass mein Vater nachher ja käme, dann würde ich mein „blaues Wunder" erleben. Mama war der Ansicht, dass ich die Klasse wiederholen müsse, wenn mein Lehrer schon „anrufe"… .
Ich versuchte ihr zu erklären, dass dies nicht stimme, denn mein Lehrer sagte mir etwas anderes. Sie schickte mich in mein Zimmer und kam hinterher.
Sie schrie mich an. Infolgedessen bekam ich „Stubenarrest". Auf meinem Zimmer weinte ich sehr viel, da ich dachte, dass ich nicht im Beisein meines Vaters heulen würde.
Dann war es soweit. Mein Vater kam ohne eine andere Tat zu unternehmen, direkt in mein Zimmer. Mit einem wütenden Ton holte er sich die nötige Kontrolle, die er nun benötigte.
Er wollte, dass ich die Hose hinunterziehe. Ohne eine andere Denkarbeit zu leisten, tat ich dies.

Dein Klotzkopfvater schlug erst nur mit seiner Hand auf deinen Po ein. Du solltest weinen, damit deine Mutter erfährt, dass er dich wirklich schlägt. Du fingst auch an zu weinen und dein Vater sagte dir, dass du keinen Grund hättest zu heulen und schlug dann immer doller drauf ein.
Nachdem du völlig fertig warst und sehr dolle Schmerzen hattest, machte er seine Hose auf, und steckte sein Penis in deinen After.
Wie immer war dein After dann eingerissen, und jeder Toilettengang wurde für dich zur Qual.
Wieder bedrohte dein Vater dich und du hattest große Angst vor ihm.

Nachdem er selber voll fertig war, machte er seine Hose zu, ging aus deinem Zimmer und gab dir für den Rest des Tages Stubenarrest. Du durftest nicht aus deinem Zimmer.
Deine Mutter wollte es so und half dir nicht. Du hattest gegen deine eigene Familie verloren. Weder deine Schwester noch dein Bruder standen zu dir. Sie hatten selber Angst.

Mein weiterer Lebensweg gestaltete sich nicht anders. Geplagt von den Schlägen, den Missbräuchen und Vergewaltigungen meines Vaters.
Blaue Flecken übersäten meinen ganzen Körper. In der Schule war ich immer die Schlechteste, bis ich merkte, dass ich für mich lerne, und das, was mein Vater mit mir machte als „normal" ansah.
Meine Schulfreunde sahen ebenso, dass das was ich von zu Hause erzählte nicht der Norm entsprach. Sie erzählten es ihren Eltern, die allerdings auch keine Hilfe leisteten.

Irgendwann war dann auch Weihnachten, ich war 11 oder 12 Jahre alt, und bekam meine erste CD von den Schlümpfen. Weitere Geschenke waren glutenfreie Lebensmittel. Die bekam ich, damit nicht ICH diese kaufen musste

Auch zu der Zeit hatten meine Eltern oft Streit. Zwei Tage später kam Papa in mein Zimmer. Das ging so weit, dass mein Papa mich fragte, ob ich mit ihm zu einem Bekannten nach „Gestorp" (einem Dorf, abgelegen der Stadt) wollte, der dort Ferienappartements vermietete. Ich war unglaublich verzweifelt, und entschloss mitzufahren, weil Mama mich nur noch anschrie. Was mein Vater anscheinend merkte und auch ausnutzte.

So fuhr ich mit ihm zu diesem Dorf, abends um 19:00 Uhr mit dem Auto. Wir nahmen nur das Nötigste mit, Geld hatten wir kaum, und das Konto sperrte Mama vorsorglich. Es hätte ja sein können, dass Papa oder ich mal Hunger hätten.

Am selben Abend vergewaltigte er mich, ziemlich brutal, sodass meine Nase blutete und ich extreme Schmerzen im After hatte. Er ging mit den brutalsten Mitteln vor.

Eine Nacht gab es weder für ihn, noch für mich. Papa missbrauchte mich stundenlang.

Am kommenden Morgen plante ich abzuhauen. Ich wollte nach Hause. Papa verschloss die Tür und versteckte den Schlüssel. Klotzkopf bemerkte mein Fluchtversuch. Er packte, schlug und verprügelte mich.

Die Folge: ein blauer Hintern und Nasenbluten, durch die Schläge ins Gesicht.

Es nahm kein Ende… .

Erneut war er im Stande mich zu missbrauchen. Das Bett war der Tatort.

Er zog mir meine Hose und meine Oberteile aus. Wieder hatte ich stundenlang „Sex" mit meinen Vater.

Er warf meine Bekleidung in einen der Räume und verschloss die Tür, sodass ich nackt im Haus herumlaufen musste.

Papas Spielchen nahmen kein Ende. Er stieß mich

vorn über, sodass ich mit beiden Händen auf dem Boden vorn überfiel.

Jetzt war ich da, du hattest keine Kraft mehr und ich musste dich schützen, gerade der Schmerz in deinem After war für dich unaushaltbar. Stundenlang tat er auch dies mit dir. Du konntest dich nicht wehren, völlig fertig gabst du dich seinen Spielchen hin.

Um ca. 17:00 Uhr ließ er von mir ab und er half mir nicht. Er tröstete mich nicht. Er machte gar nichts mehr, außer schlafen, denn das konnte er ganz gut.
Der Abend war noch nicht beendet. Ich setzte mich in die Küche und weinte. Ich hoffte, dass er ein wenig länger schläft....

Abends um ca. 22:45 Uhr kam er zu mir in die Küche und setzte sich neben mich, hatte er denn immer noch nicht genug?
Er umarmte mich und fasste meine Brüste an. Wie immer erzählte er mir, dass ich seine „Beste" bin, sein „Ein und Alles", und, dass das „normal" wäre. Ich entgegnete ihm aber, dass das nicht mehr normal ist.
Das war ihm aber anscheinend zu viel. Er schlug mich. Ich schrie ihn an. Er stieß mich vom Stuhl. Da lag ich wieder, und er auch. Er hatte mich wie immer fest im Griff.
Ich versuchte mich zu wehren, aber es half nichts, je mehr ich mich wehrte, desto brutaler wurde auch er.

Ich war wieder da, und beschützte dich. Ich war für dich da. Du hast den Nebel dankbar angenommen. Dein innerlicher Schmerz und der Scham vor ihm war unbegreiflich groß. Das Gefühl deinerseits deinen Vater in dir drin zu haben, schien für dich eine große Hürde. Unüberbrückbar.

Ich schien irgendwann neben ihm eingeschlafen zu sein. - Nackt-. Ich wachte erst am nächsten morgen um 9:00 Uhr wieder auf, als er seinen Arm um mich legte. Ekel überkam mich….
Er fragte mich, ob er etwas zu essen von seinem Bekannten holen solle, aber ich antwortete ihn nicht. Er schien jedoch Hunger zu haben, also ging er los, schloss mich aber vorher in ein Zimmer, in dem ein Kinderbett stand mit einem Himmel darüber.
Zehn Minuten später kam er wieder und holte mich wieder aus dem Zimmer heraus, wir frühstückten zusammen. Das Essen blieb nicht lange bei mir, sodass ich es wieder erbrach. Wieder sollte ich vor ihm mein Erbrochenes aufessen. Mich überkam noch mehr Scham und noch mehr Ekel.
Ich würgte es hinunter, und behielt es erst nach zwei Mal erbrechen und wieder auflecken bei mir.
Danach machte er seine Beine breit. - Er hatte keine Hose an-, genau wie ich.
Ich sollte sein Glied in den Mund nehmen und daran „lutschen". Er sagte mir genau, ‚was ich machen sollte. Sein Penis sollte ich nicht ganz in den Mund nehmen. So, dass ich mit der Zunge an seiner Eichel lecken kann. Auf einmal stieß er seinen Penis in meinem Mund hinein. Es kam ein Würgeversuch. Dann stieß er ihn noch einmal in

meinem Mund. Auf einmal hatte ich seinen Glibber im Mund. Es war sein Samenerguss. Wieder erbrach ich, und wieder sollte ich es vom Boden auflecken.

Am Abend fuhren wir wieder nach Hause in die Wohnung.
Ich war froh wieder zu Hause zu sein und völlig übermüdet.
Ich sank in meinem Bett zusammen und schlief erst einmal. Meine Mama war da. Somit hatte ich keine allzu große Angst, dass Papa es so übertreibt.
Meine Eltern hörten aber immer noch nicht auf, sich zu streiten.
Am selben Abend kam Papa noch einmal in mein Zimmer, um mich zu missbrauchen. Klotzkopf zog mein Nachthemd aus, sowie meine Unterhose.
„Sex", welchen ich immer mit ihm hatte.

Mit zwölfeinhalb Jahren fing ich mit dem Konfirmationsunterricht an. Ich hatte jeden Donnerstag um 19:00 Uhr Schluss und ging dann nach Hause.
Auf dem Weg hatte ich große Angst und dachte, dass mir jemand hinterher liefe. Zu Hause angekommen, fing Papa mich jeden Donnerstag unten im Treppenhaus ab und ging mit mir in den Keller.

Du wolltest nach dem Konfirmationsunterricht nie nach Hause, und machtest dir immer Gedanken,

wie du dem entgehen kannst, aber egal wie, du musstest auf jeden Fall durch den Keller das Treppenhaus hinauflaufen.
Klotzkopf ging hinter dir zum Keller, er zog dich wie immer in die Ecke, wo auch die Sandspielsachen lagen.
Er schlug dir in dein Gesicht, du solltest dich ausziehen, nur widerwillig zogst du dich aus und legtest dich so hin, wie er es gesagt hat.
Er hat sich auch ausgezogen. Erst solltest du sein Glied in deinen Mund nehmen, bis er „bereit" war, dich zu missbrauchen.
Ich schickte dir wieder Nebel, damit du das, `was er machte nicht mitbekamst. Ich wollte dich beschützen.
Nachdem du seinen Penis aus dem Mund nehmen solltest und den Glibber, den du im Mund hattest herunterschlucken solltest, schlug er dich, bis du dich von alleine hinlegtest.
Er hielt deine Hände fest auf dem Boden, sodass du dich nicht wehren konntest. Du ekeltest dich und weintest, aber weinen durftest du nicht, so schlug er dich noch mehr.

Als er von mir abließ tat mir alles weh, ich hatte überall Schmerzen. Ich ging Papa nach oben.
Mama fragte mich wie immer, warum ich so spät käme!?
Ich konnte ihr aber nicht sagen, dass Papa wider „tätig war". Ich wollte nicht, dass irgendjemandem etwas passiert. So wurde jeder Donnerstag zur ganz besonderen Qual.

Es war wie immer ein Donnerstag, an dem ich nach

dem Konfirmationsunterricht nach Hause ging.
Lauter Angst auf dem Weg nach Hause begleitete mich meine Freundin bis zu den Geragen, die vor den Mehrfamilienhäusern lagen.
Ich fing an zu weinen. Meine Freundin erkannte nicht welcher Auslöser dahinter steckte. Ich ging die Tür unten hinein. Papa kam gerade nach unten und hatte wie immer den Bio- Müll in der Hand. Er nutzte oft den Bio- Müll als „Ausrede", um nach unten zu gelangen.
Er stellte den Bio- Müll bei den Briefkästen ab und ging mit mir in den Keller.
Dieses Mal war es aber nicht unser Keller, sondern die Waschküche im Keller, welche diagonal gegenüber von unserem Keller liegt.

Du solltest dich erst ausziehen, aber irgendetwas war anders als vorher!?
Du solltest dich über einen Feudeleimer hocken und darein defäkieren. Dein Vater erregte sich dieses Mal selbst.
Du konntest da aber nicht Reinmachen. Nicht auf Befehl. Du solltest so lange da hocken, bis da etwas drin war. Dir war es so unangenehm, dass du anfingst in deine Trancezustände wegzutreten. Ich schickte dir Nebelt.
Du brauchtest Schutz. Du hast aber auch nach gefühlten 20 Minuten nichts hinaus bekommen.
Dein Vater meckerte dich an. Du reagiertest nicht. Du warst so weit weg, dass du nur noch mich hörtest. Ich habe auf dich eingeredet, und versucht dir Gutes zuzusprechen.
Dein Vater nahm dich und schüttelte dich, du warst wider da. Er weckte dich. Nun ging es für dich im

„Wachzustand" weiter. Ich konnte dir nicht mehr helfen.

Irgendwann schaffte ich es auch. Ich defäkierte in den Eimer und mein Vater befriedigte sich dabei selbst.
Nach einer langen Zeit ließ er mich alleine. Er brachte den Müll hinaus. Ich ging nach oben. Mit einem Gefühl der Verzweiflung, sofort unter die Dusche.
Nachdem ich duschte, ging ich in mein Zimmer. Nächtliche Angst überkam mich. Mein Bett ist oft genug Tatort. Ich schlief auf dem Boden.
Die Welt drehte sich nur noch um meinen Vater und seinen perversen Spielchen.
Die Schule wurde für mich immer schwerer und ich verpasste den Anschluss.
Die Dissoziation wurde Fluchtort während des Unterrichtes. Ich fühlte mich sicher.
Nach einiger Zeit sprach mein Lehrer mich an. Meine Leistungen würden nachlassen. Wieder erzählte ich nichts.
Die Scham das Passierte in Worte zu fassen, es wiederzugeben. Meinen Vater zu verraten. Preiszugeben, was mein Vater mit mir zu Hause machte. Dies könnte ich nicht tun. Außerdem bekomme ich doch Aufmerksamkeit.
Meine Synapsen fingen an, sich „falsch zu knüpfen". Ich gab mir nun die volle Verantwortung. Selbstzweifel über mich, zerstörten mein Selbstbewusstsein. Eine Integration in die Klassengemeinschaft fiel mir schwer.

In der siebten Klasse fiel es mir sichtlich leichter
den Unterrichtsstoff zu verstehen. Ich hatte keine
schlechten Noten mehr.
Ab der neunten Klasse ließ ich nach. Ein
Leistungsabfall von „sehr gut" bis „mangelhaft"
erfolgte.
Viele Lehrer fragten mich, welche Ereignisse sich
dahinter verbürgten. Schamgefühl überwältigte
mich. Ich sagte nichts.

Am 30. April 2006 wurde ich konfirmiert. Endlich
Hatte ich es geschafft?! Keine Angst mehr auf dem
„Nachhause- Weg". Ich lud meine Verwandten
ein. Ein wunderbares Ereignis stand vor mir und
meiner Zeit des „Erwachsenen" Werdens.
Das Geld, welches ich zur Konfirmation bekam,
gab ich meinen Eltern, die davon Teile ihrer
Schulden beglichen, sowie auch das Essen zur
Konfirmation.

Ende 2005, zogen wir in eine Neubausiedlung. Das
Highlight dieser Wohnung: es gab keinen Keller
mehr!

Während hauptsächlich Papa mit mir das Haus
renovierte und das Laminat in meinen Zimmer
verlegte, welches ich allerdings selbst bezahlen
musste, nutzte er das Allein-Sein, wie immer aus.

So ist es wieder geschehen. Das Laminat hattet ihr

schon verlegt, und du wolltest auf Toilette gehen, aber Klotzkopf kam sofort hinter dir hinterher und drückte deinen Kräften der Tür, entgegen.
Du hattest Angst. Er schrie dich an und schüchterte dich ein. Er zog dich unsanft aus und schmiss dich in die Badewanne, du hattest gar nichts mehr an. Auch er zog sich ganz aus, machte den Stöpsel für das Wasser hinein, und ließ das Wasser laufen.
Dein Vater missbrauchte dich wieder. Du ekeltest dich sehr und tratest wieder weg.
Du wachtest erst wieder auf, als er dich abtrocknete.
Er zog sich als erster an und ging aus dem Badezimmer, er ließ dich alleine und sagte nichts weiter zu dir.

Ich schloss die Badezimmertür ab und weinte erst einmal eine Weile, bis ich mich dann irgendwann anzog.
Ich ging irgendwann nach unten, aber dort war schon alles dunkel und das Auto stand auch nicht mehr auf dem Parkplatz.
Extreme Kopfschmerzen hatte ich… .
So ging ich zu Fuß um ca. 21:15 Uhr nach Hause.
Ich achtete nicht mehr auf die Autos und die Ampeln und ging einfach ohne zu gucken über die Straßen.
Irgendein Auto hupte mich an, sodass ich in mich sank. Das Auto streifte mich nur und fuhr weiter.
Eine Dreiviertelstunde später kam ich zu Hause an. Es war schon 22: 00 Uhr und ich bekam eine Menge Ärger von meiner Mutter.
Aber auch das störte mich nicht mehr. Ich ging duschen, legte mich in mein Bett und konnte auch

an diesem Abend nicht schlafen. Es fiel mir schwer von diesem Tag abzuschalten.

Ich wusste weder, ob meine Mutter es mitbekam, noch wusste ich, wie sie darauf reagieren würde, wenn ich es ihr erzählen würde, und ich wusste auch nicht, was mein Vater mit mir oder meinen Tieren anstellen würde, wenn er mitbekommen würde, das ich es jemanden anvertrauen würde.

Meine Angst wurde immer mehr zu Scham. Mir war meine Situation sehr peinlich. Ich hatte Angst, dass mir keiner glaubt, oder, dass ich ausgelacht werde.

Wieder ein Tag, an dem du deinem Vater helfen solltest das Haus zu renovieren. Es war ein Samstag an dem ihr die Wände gestrichen habt. Dein Vater rief dich nach oben. Du wusstest sofort was dir oben bei ihm droht. Du gingst zu ihm. Er befahl dir dich auszuziehen, aber soweit kam es bei dir nicht mehr an. Ich habe dir Nebel geschickt. So zog er dich aus, und schmiss dich auf den Boden, auf dem er deine Hände festhielt, sodass du dich nicht wehren konntest.
Du hast es einfach mit dir machen lassen. Ich ließ dich zwischendurch aufwachen und du hörtest ihn stöhnen. Du hattest enorme Schmerzen.
Schon wieder ist er in dich eingedrunge, und du hattest keine Möglichkeit dich zu wehren. Also schickte ich die wieder Nebel. Du brauchtest ihn, da war ich mir sicher. Dankbar nahmst du ihn an. Er verließ den Raum und du merktest es nicht. Du hattest Nasenbluten und an den Handgelenken

Abdrücke von deinem Vater.
Er hat dich geschlagen; und du hast davon nichts mitbekommen. Du hast dich wieder angezogen und gingst in das Badezimmer, um den Dreck von deinem Körper zu waschen, und dein Nasenbluten zu stillen.

Papa fuhr wieder ohne mich nach Hause. So bin ich erneut allein nach Hause gegangen. Zu Hause fragte Mama mich, `was ich im Supermarkt hatte holen wollen.
Ich sagte ihr, dass ich „Mett" holen wollte, aber mich doch anders entschied. Sie fragte auch nicht weiter nach.

Wir fieberten dem Umzug entgegen. Dann war es auch schon irgendwann soweit, dass wir das Haus renoviert hatten, sodass wir endlich einziehen konnten.
Wir schleppten alle Sachen, die wir hatten in das Haus, um sie dann einzuräumen.

Auch hier war ich wieder sehr oft bei dir. Ich schenkte dir Zuneigung und Sicherheit, zumindest für einen Moment.
Ihr habt zusammen das Obergeschoß, wie dein Vater das nannte, eingerichtet. Das Zimmer deiner Eltern war das Erste.
Dein Vater wollte mit dir ein Probeliegen in dem „neuen" Bett machen. Du warst ziemlich leichtsinnig und machtest es.
So kam es wieder zum Geschlechtsverkehr zwischen dir und deinem Vater. Erst zog er sich aus, danach warst du an der Reihe. Ich ließ Nebel

aufkommen, um dich zu schützen...
Er stöhnte und machte ganz komische Geräusche, er mochte dich sehr..., aber trotzdem hast du nicht verstanden warum er das tut.
Als er mit dir „fertig" war, lag er noch ein Weile neben dir, und sagte: „das haben wir uns verdient...."

Meine Scham wuchs. Immerhin war ich auch schon 13 Jahre alt, und meine Körperteile fingen an sich auszubilden.
.
In jedem zusammengebautem Bett kam es zum Geschlechtsverkehr. Als wir dann eingezogen waren, war ich sehr froh, dass wir keinen Keller mehr hatten. Aber statt des Kellers hat er dann den Dachboden vorgezogen, aber immerhin war es dort nicht mehr so kalt und dunkel.

Meine Eltern stritten sich stets, den ganzen Tag verbrachten wir alle mit fernsehen. Das erste Weihnachten in unserem Haus stand an. Es war kein schönes Weihnachten.
 Mein Bruder bekam das `was er sich wünschte. Meine Schwester und ich hingegen immer irgendein Schrott, den keiner haben wollte, obwohl ich wie immer glutenfreie Lebensmittel bekam, damit ich mein Geld nicht für meine Lebensmittel ausgeben musste.
Meine Schwester bekam oftmals Geld, meistens 100 Euro. Dann war Weihnachten auch schon vorbei.

Donnerstage nach dem Konfirmationsunterricht

gab es auch nicht mehr. Eigentlich wäre ich gerettet, wenn da nicht die Samstage mit den Prospekten wären. Sowie die Abende, die ich in meinem Zimmer verbrachte.
Statt dann jeden Donnerstag mit mir in den Keller zu gehen, nutze er nun die Samstage, an denen ich die Kartons auf den Dachboden brachte, in die wir die Prospekte packten, bevor wir austragen gingen. Papa half mir meistens immer die Kartons nach oben zu bringen, nachdem wir fertig waren mit dem Austragen.

Du gingst Prospekte austragen, Klotzkopf half deinem Bruder, und ihr wart eigentlich immer beide gleichzeitig fertig, sodass ihr auch zur selben Uhrzeit zu Hause ankamt.
Dein Vater ging mit dir auf den Dachboden, um die Kartons wegzupacken. Die Ecke, die dein Vater sich aussuchte, hatte fast den gleichen Charakter, wie die im Keller.
Wieder hingen über dir Brettervorschläge, die ähnlich eines Regals waren. Dein Vater war ziemlich hektisch und wollte so schnell wie nur möglich mit dir Geschlechtsverkehr haben, da die Gefahr, dass jemand hochkommen würde, auch nicht ganz abwegig war.
So war er auch ziemlich unsanft zu dir und riss dir deine Klamotten vom Körper, ebenso wie er sich seine Hose aufmachte.
Er steckte ihn einfach in dich. Deine Scheide war eingerissen. Enorme Schmerzen hattest du kurz, als er eindrang. Denn als er schon drin war und sich hoch und runter bewegte, schützte ich dich.
Wieder hattet ihr Geschlechtsverkehr miteinander,

und das Risiko schwanger zu werden, steigerte sich.
Als er nicht mehr konnte, zog er seine Hose hoch, und machte ganz schnell seine Hose zu, und machte sich sein Gürtel wieder stramm.
Er ließ dich liegen und half dir nicht.... Du zogst dich selbst wieder an und bliebst noch auf den Dachboden.
So konntest du unter keinen Umständen nach unten gehen.

Ich stöberte auf den Dachboden herum, und schaute mir alles ganz genau an.
Irgendwann schien meine Schwester mich gehört zu haben, und kam nach oben, sie fragte mich, `was ich dort machen würde. Ich sagte ihr, dass ich nur mal nach Büchern schauen wollte, und so machte sie wieder genervt die Tür zu.

Nach einer gefühlten Stunde ging ich in mein Zimmer und spielte dort mit meinen Sachen. Ich war 14 Jahre alt, und habe mich meiner Altersklasse zu Hause nicht wirklich angleichen können.
In der Schule war ich das reinste Gegenteil.
Hilfsbereit, und verantwortungsbewusst gegenüber meinen Mitschülern und allen anderen Dinge in der Realität.

Ich hatte, das Ich- in der Schule, das Ich- Zu Hause, das Ich- unter meinen Freundinnen, das Ich- bei meinen Großeltern, das Ich- in der Einsamkeit, im Kampf mich nicht umzubringen, das Ich- bei meinen Nachbarn, das Ich- unter meinen

Geschwistern, das Ich- unter der Gesellschaft.
Ich habe mich sehr gut verstecken können.
Keiner hat mich durchschauen können, dazu war ich einfach viel zu anders, da ich überall nicht ICH sein konnte.

Die Zeit bis zu meiner Konfirmation drehte sich hauptsächlich um Schule und den Missbräuchen meines Vaters.

Am 30. April 2006 wurde ich endlich konfirmiert. Das war ein schöner Tag. Zuvor musste ich Essen bestellen, und auch bezahlen…. Zu meiner Konfirmation lud ich viele Gäste ein.
Nach dem „Fest" musste ich alles aufräumen und die ganzen Stühle, sowie die Tische wegstellen.
Am nächsten Tag bekam ich dann Besuch von meiner Patentante aus Neumünster, die ich noch nie wirklich leiden mochte, genau wie meine Eltern auch.
Wir saßen im Esszimmer zusammen und tranken Kaffee. Von ihnen bekam ich 900 Euro zu meiner Konfirmation.
Nach 4 Stunden sind sie auch schon wieder gefahren und ich habe mich gefreut, dass endlich erstmal Ruhe war.

Es war auch endlich Sommer.
Mein Nachbar fuhr oft mit mir Himbeeren pflücken. Er war nett. Ich mochte ihn sehr.
Mein Vater hingegen nutzte unsere Touren zu seinen Gunsten.

Es war wieder soweit. Papa hatte Geburtstag und wie jedes Jahr sollte ich ihm ein Geschenk machen. Dieses Mal war es mein Zimmer.
Er kam abends und schloss die Tür hinter sich ab. Er machte seine Hose auf, und er hatte keinen Gürtel an seiner Hose, ebenso hatte er einen Norweger an, der die Farben; grau, schwarz, und rot hatte.
Der Pullover war gestreift, ganz unten am Pullover war die Farbe grau, welcher den größten Flächeninhalt des Pullovers eindeckte, danach folgte rot, und dann erst schwarz, am Hals war ein kleiner Reißverschluss, den man öffnen konnte.
Ich hatte an diesem Abend ein Nachthemd an, und er schob es nur hoch und zog dann meinen Schlüpfer langsam hinunter.
Dann setzte er sich auf mich. Dieses Mal schob er sogar seine Zunge in meinen Mund - liebte er mich wirklich? -, was für eine Bedeutung hatte das?!
Es war ein sehr ekliges Gefühl. Den eigenen Vater in meinen Körper.

Es geschah, keiner sah,
es schmerzte.
Er scherzte,
es geschah wieder,
mit Macht auf mich nieder.
Es schmerzte wie ein Geschoß.
Er genoss…!

Um 21:30 Uhr verließ er mein Zimmer und ging zu meiner Mutter nach unten.
Die nächste Höllen- Nacht erwartete mich.
Auch an meinem Geburtstag musste ich Papa ein

Geschenk machen.
Es war der Dachboden, an dem er es zusammen mit mir ausführte. An meinem Geburtstag stand immer alles auf dem Plan: Ihn zuerst erregen durch „lutschen" an seinem Glied, Samenerguss runterschlucken, Ausziehen, er als auch ich, und dann folgte wie üblich der Geschlechtsverkehr mit ihm.
So sah der normale Plan aus, wenn er sagte „volles Programm".
Weihnachten war ein Fest, das weder meine Schwester noch ich mochten. Wieder bekam meine Schwester Geld. Mein Bruder, wie immer Spiele-Konsolen. Ich bekam glutenfreie Lebensmittel, und eine Ausführung zum Geschlechtsverkehr mit meinem Vater, der am selben Abend ausgeführt wurde.
Mein Zimmer wurde jetzt überwiegend genutzt für den Missbrauch. Schwer waren die Tage nach Weihnachten, an denen mein Vater mich vor einem Jahr mit nach Gestorp nahm.
Dadurch war der Dezember am Schlimmsten und schwierigsten auszuhalten.
An Sylvester aßen wir Fondue. Mein Lieblingsessen und das meiner Geschwister. Am 1. Januar aßen wir dann immer die Reste des Fondues.
An diesem Tag musste ich die Brotschneidemaschine reinigen, da ich die Glutenunverträglichkeit habe, und keine Kontamination zwischen glutenhaltigen und glutenfreien Lebensmitteln zu Stande kommen darf. Ich wusch alles ab, ließ aber das Messer von der Maschine im Abwaschwasser liegen, damit ich

mich nicht so schnell daran schneide.
Wie eine Geisteskranke kam meine Mutter in die Küche gerannt und stieß mir das Messer in den Zeigefinger. Es blutete sehr stark, und ich konnte nicht einmal mehr gerade laufen, da mir ziemlich übel war.
Ich schleppte mich in das Badezimmer, und setzte mich vor die Toilette und übergab mich. Meine Mutter hingegen freute sich der Tat und amüsierte sich köstlich darüber.

Nach diesem Vorfall gab meine Mutter mir Stubenarrest. Ich durfte nur noch zur Schule, Einkäufe in einer bestimmten Zeit erledigen, das Haus sauber machen, und den Garten umgraben.
Ich sollte ihr nicht mehr unter die Augen kommen.
Ab dem Zeitpunkt, bekam ich nur zwei Scheiben trockenes Weißbrot und ein Glas Leitungswasser in mein Zimmer.
Auch meine Toilettenzeit wurde eingeschränkt, ich durfte viermal am Tag aufs Klo, durfte aber nicht länger, als 5 Minuten im Badezimmer bleiben.
Es war mir sehr rätselhaft, warum sie das einführte, entweder sie war neidisch auf mich, oder sie wollte mich damit beschützen, da mein Vater dann keine Zeit mehr hatte mit mir irgendwo hinzugehen.
Meistens kam Papa aber nach der Schule in mein Zimmer, und brachte mir das Brot und das Wasser, und jedes Mal, wenn er bei mir war, missbrauchte er mich.
Ich wusste also immer, dass mein Vater um 16:30 Uhr, nach der Arbeit, in mein Zimmer kam, um mir die Nahrungsmittel zu bringen.
Das war ein Stück Sicherheit, da ich immer die

genaue Uhrzeit wusste.

Er war wieder da. Dein Klotzkopfvater. Er legte dein Brot auf deinen Schreibtisch, und schloss deine Zimmertür ab.
Er kam zu dir, und machte seine Hose auf. Er hatte an diesem Tag einen dunkelblauen Pullover an, mit einem Teil in der Mitte des Pullovers, das einem Schild glich, in dem TDC darin stand.
Dann machte er deine Hose auf, und dadurch, dass du vorher schon wusstest, wann er kommt, konnte ich dich schon darauf vorbereiten, um dich mit meinem Nebel zu schützen.
Er drang in dich ein, so, wie jedes andere Mal auch. Nur, dass er es jetzt so gut wie jeden Tag mit dir machte.
Er fing an dich zu kaufen, und gab dir Geld dafür, dass du mit ihm schläfst. Du nahmst das Geld an, obwohl du wusstest, dass du dich nicht kaufen lassen möchtest. 20 Euro für jedes Mal schlafen mit ihm, manchmal gab er dir auch nur 2 Euro, aber auch da sagtest du nichts, du realisiertest es erst, nachdem er mit dir fertig war.
Er hat dich erkauft und du hast dich an ihm verkaufen lassen, und hast nichts gegen ihn gesagt. An den eigenen Vater verkauft.... Was Schlimmeres konnte dir nicht passieren

Ich nahm die Zeit über sehr ab, und wog teilweise nur noch 39 Kilogramm, *du hast das Essen verlernt.* In der Schule kaufte ich mir jedoch ab und zu ein glutenhaltigen Kuchen, oder eine Vanillemilch, von dem Geld meines Vaters, wenn er es mir nicht wieder abgezogen hatte, weil er

wieder Geld für die Mahnrechnungen, oder die Computer-Zeitschriften brauchte.
Mitte März war ich wieder in der Kinderklinik zur Behandlung. Eine Diätassistentin wunderte sich, dass ich so dünn geworden war, aber auch da konnte ich nichts sagen.
An diesem Tag ist meine Mutter das erste Mal mitgekommen, um zu sagen, dass ich nichts mehr essen würde. Nur noch Süßigkeiten in mich Reinschlingen würde.

Die Ärztin redete nach der Behandlung noch einmal alleine mit mir und meine Diätassistentin redete allein mit meinen Eltern, aber auch der Ärztin konnte ich nichts sagen.
Ich war zum Schweigen verpflichtet. Ich konnte ihr nicht mein Geheimnis anvertrauen, immerhin habe ich meinen Vater versprochen, es nicht weiterzusagen.
Meine Eltern fuhren danach mit mir nach Hause, wo ich erst einmal ausgehorcht wurde. Ich sollte denen erzählen, `was ich der Ärztin sagte.
Nachdem ich meinen Eltern sagte, `was ich erzählte, wurde ich gelobt, und mir wurde gesagt, dass das eine „gute Geste" von mir sei.
Am selben Abend durfte ich am Abendessen teilnehmen.
Das war die Belohnung dafür, dass ich nichts gesagt habe.
Aber ich konnte nichts essen. Ich hatte es völlig verlernt. Auch Messer und Gabel konnte ich nicht mehr richtig halten.
Ich wurde von meinem Vater angeschrieen, weil ich nicht vernünftig aß und, wenn ich etwas aß,

erbrach ich es sofort.
Woher kam das?
Danach sollte ich meinen Teller wegräumen, und auf mein Zimmer gehen.
Eine Viertel Stunde später, kam mein Vater in mein Zimmer und verprügelte mich.

Jetzt war unsere Liebesbeziehung zerstört. Ich hasste ihn..
Immer noch versuchte er mich zu kaufen und gab mir immer noch Geld für die Delikte. Ich nahm es immer noch an.

Dann war es soweit, der 21. Mai 2007. Wieder sollte ich meinem Vater ein Geschenk machen. Der letzte Missbrauch, den er zu Hause vollzog. Er gab mir wieder Schweigegeld dafür.
Ich ließ es wieder mit mir geschehen, aber irgendetwas war anders als sonst.
Ich wehrte mich innerlich heftig gegen das Eindringen, und gegen den Nebel, der mir immer von Inni geschickt wurde.
Am selben Abend konnte weder meine Mutter noch ich schlafen.
Ich hörte sie abends im Bett: „Ich will nicht mehr, Ich kann nicht mehr, DIE soll weg!!!"
Ich hatte panische Angst, dass jemand in mein Zimmer kommt, dennoch freute ich mich innerlich, dass es ihr auch mal schlecht geht. Das hatte sie sich redlich verdient!
Zwei Tage später stand sie auch schon mit einem Messer vor mir. Da wollte sie mich tatsächlich umbringen?!
Ich hatte ständigen Kontakt mit meiner

Diätassistentin, die ich von meiner Nachbarin aus anrief.
Frau Ritter sprach mit mir ab, dass sie am Freitag zu hause anruft, um zu fragen, wie es mit dem Essen aussehe.
Auch sagte sie mir, dass ich aus der Familie raus muss.
Am Freitag kam ich dann ganz normal nach Hause. Mama war gerade dabei die Prospekte für das Austragen zu sortieren. Sie war ziemlich patzig in ihrer Tonlage, aber auch das war nichts Neues mehr.
Sie sagte mir, dass in der Küche Nudeln stehen würden. Ich wunderte mich. Sie kocht für mich.
Frau Ritter sagte meiner Mutter, dass es besser wäre, wenn ich in psychologische Behandlung kommen würde, oder in die Kinderklinik eingewiesen werden könnte, damit ich wieder körperlich zu Kräften kommen kann, aber das wollte meine Mutter nicht. Sie kam hinter mir hinterher, nachdem ich den Teller wieder zurückstellte, Mama schmiss mich gegen die Küchenzeile.
Ich nahm daraufhin meine Sachen zum Austragen und hielt es auf dem Weg nicht mehr aus. Ich rief Frau Ritter an.
Nach dem Telefonat rief sie meine Nachbarin an und beide bei der Polizei, die daraufhin bei mir anrief, und mir sagte, dass die mich überall abholen würden. Ich wollte aber erst mit meiner Nachbarin telefonieren. Zufälligerweise rief meine Nachbarin mich nach dem Telefonat mit der Polizei von allein an. Sie sagte mir, dass ich mein Fahrrad bei meiner Freundin unterstellen sollte. Sie werde mich dort

abholen und mit mir zur Polizei fahren.
Ich konnte gar nicht richtig mit ihr über diese Entscheidung reden. Sie fuhr einfach mit mir zur Polizei, ohne mich zu fragen, ob ich das wirklich wollte. Es war eine gute Entscheidung.
Auf dem Weg zur Polizei, rief mein Vater mich auf meinem Handy an. Ich konnte ihn nicht wegdrücken. Sie nahm mir einfach mein Handy aus der Hand, und drückte ihn weg. DANKE!
Meine Nachbarin suchte noch einen Parkplatz während sie mich bei der Polizei aussteigen ließ. Ich traute mich nicht dort zu klingeln und hinein zu gehen. Mir fehlt Sicherheit.
Auf der angrenzenden Straße fuhr plötzlich das Auto meiner Eltern lang. Ich bekam Panik. Was war los mit mir?!
Dann kam auch schon meine Nachbarin, Frau Sand, die dann zusammen mit mir in das Polizeigebäude ging. Ich wurde dort sehr freundlich aufgenommen. Nach einer Viertelstunde fuhr Frau Sand nach Hause, und ließ mich allein bei der Polizistin.
Dann wurde mir auf einmal gesagt, dass mein Vater kommen würde. Ich sagte der Polizistin, dass ich Angst vor ihm habe. Immer wieder fragte ich die Polizistin, wo er sei, sowie, ob die Türen verschlossen sind. Sie versuchte mich zu beruhigen. Sie sagte, dass er nicht in den Raum kommen wird. Aber auch das reichte mir nicht aus und fragte noch einmal, wo er ist, und wann er weg ist.
Ich saß eineinhalb Stunden bei der Polizei, bis endlich ein Herr vom Jugendamt kam, um mich in die Kinderklinik nach zu fahren. Ich wurde um

19:30 Uhr in der Ambulanz aufgenommen. Jedes Essen, habe ich verweigert. Am selben Abend, an dem ich aufgenommen wurde, kam mein Vater, um meine Kleidung zu bringen.
Eine Krankenschwester brachte mir nachts um 01:00 Uhr meine Sachen auf mein Zimmer.
Ich nahm mir gleich meine Nachtsachen aus meiner Tasche, und zog sofort das Nachthemd aus, das ich von der Schwester bekam.
An diesem Tag kam mein Vater, um mich zu besuchen, fragte auch, ob es immer noch unser Geheimnis bleibe. Ich sagte nichts und blieb ungerührt in meinem Bett liegen. Plötzlich legte Papa seine Hand auf mein Knie. Auf einmal war ich dissoziiert.
Eine Ärztin war da, als ich aufwachte. Was machte sie mit mir? Ist irgendetwas passiert? Sie sagte, dass mein Vater da war, sie habe ihn rausgeschickt. So schrieb er mir per SMS fünf Minuten später: „Egal, was gewesen ist, ich hab dich doch lieb, DEIN DICH trotz allem LIEBENDER VATER..."
Ich fing an zu weinen, wie konnte er mir so etwas schreiben. Was war in ihn gefahren?!
Zwei Tage später war plötzlich mein Handy gesperrt. Meine Eltern waren im Internet, und haben geschaut, mit wem ich in den letzten Tagen telefonierte.
Am Montag waren meine Eltern wieder in der Klinik. Meine Muter wollte in mein Zimmer kommen. Ich versuchte sie hinaus zu bitten, aber sie nahm meine Bitte nicht ernst, und setzte sich an das Bett. Auf einmal holte sie mit ihrer Hand aus, und wollte mich schlagen. In diesem Augenblick kam die Ärztin herein. Sie bat Mama nach draußen.

Nachdem meine Eltern gingen, kam eine Schwester hinein. Sie sah mich weinen, und versuchte mich zu trösten. Sie wollte mit mir in eine Psychiatrie.
In der Kinderklinik begegneten wir Frau Ritter, die mich erst einmal in die Arme nahm. Ich bedankte mich bei ihr.
Dann fuhren wir auch schon los. Der Arzt in der Psychiatrie sagte, dass ich weder depressiv verstimmt, noch suizidal wäre. Ich wusste gar nicht, was das war, bis die Schwester mir danach sagte, wo wir gerade waren, und schaute sie ganz erschrocken an.
So sind wir auch wieder zurück gefahren.
Nachmittags kam Frau Ritter zu mir und redete mit mir. Sie erzählte mir, dass Papa an dem morgen in ihr Büro kam, mit dem Satz: „Kopf ab?"

Zwei Tage später wurde ich wieder vom Jugendamt abgeholt, und in eine Wohngruppe gebracht.
Es war ein Freitag, an dem ich von der Schule kam und die Betreuerin mir sagte, dass meine Eltern da wären, und nun ein Gespräch anstehen würde.
Labil wie ich war, weinte ich erneut.
Die Betreuerin war sehr einfühlsam, und versuchte mich zu beruhigen. Sie ging mit mir in das Gespräch, wo eine Jugendamtsmitarbeiterin, sowie meine Eltern saßen.
Meine Eltern waren sehr impulsiv und warfen mir viele Dinge vor. Weinend sagte ich, dass die mich geschlagen haben. Meine Mutter sagte dann ganz schnell mit lautem Ton: „ wir haben dich nie geschlagen." Mein Vater hingegen: „ ich kann mich nur an einmal erinnern."
Ich fing an noch stärker zu weinen. Unter keinen

Umständen wollte ich zurück nach Hause. So blieb ich vorläufig in der Einrichtung. Mama und Papa waren davon überhaupt nicht begeistert.
Daraufhin folgten etliche Gespräche im Jugendamt. Während eines Gespräches konnte meine Mutter sich nicht angemessen verhalten. Sie schmiss sowohl ihre Zigaretten, als auch ihr Feuerzeug auf den Tisch. Eine für mich zuständige Sachbearbeiterin fragte meine Mutter, ob sie vor dem Gespräch noch ein Rauchen wolle. Sie verneinte.
Die Sachbearbeiterin fing an uns Zeiten zu geben. Sowohl meine Mutter, als auch ich hatten jeweils drei Minuten Zeit uns zuzuhören. Wieder fing ich an zu heulen, auf Grund der Vorwürfe, die mir Mama machte.
Meine Betreuerin nahm mich in den Arm, und versuchte mich zu trösten.
Nach einer für mich kurzen Zeit, stand meine Mama von ihrem Stuhl auf, rannte nach draußen und beschimpfte die Sachbearbeiterin.
Sie knallte die Tür. Daraufhin sagte Frau Jung (Sachbearbeiterin): „ich hätte eigentlich gedacht, dass du als Erste den Raum verlässt, …"
Weitere Gespräche im Jugendamt folgten.

Frau Jung fragte mich, ob ich in der jetzigen Einrichtung bleiben wolle. Ich verneinte.
Ich sagte ihr, dass ich wieder eine Familie haben möchte. Weiterhin wollte ich nicht in meiner Heimatstadt bleiben.
Frau Jung, meine Sachbearbeiterin, kümmerte sich dann um eine geeignete Pflegefamilie. Ich lernte drei Familien kennen und entschied mich

letztendlich für die Familie „Alles".

Am 07. September 2007 zog ich in die Pflegefamilie.
Durch den ständigen Druck, ich könne Papa treffen und der Todesangst, dass mir jederzeit wieder etwas passieren könnte, fing ich erneut an, mich zu verletzen.
Zuerst waren es nur die Arme, an denen ich mich selbst verletzte, dann kamen die Beine, der Bauch, die Brust und der Intimbereich hinzu.
Ich versuchte die Verletzung täglich vor meinen Pflegeeltern zu verstecken. Beim Kochen durfte sie beispielsweise meine Ärmel nicht hochkrempeln.

Erinnerungsblitze durchzuckten täglich mein Hirn. An Geburtstagen und Ereignissen mit besonderer Verbindung, war das Aushalten der Flashbacks nahezu unmöglich.

Es war wieder dein Klotzkopfvater, der in dein Zimmer kam, es war schon spät und du schautest „VIVA". Dort liefen deine Lieblingslieder.
Eigentlich war dein Zimmer für dich ein Ort, an dem du dich ausruhtest, an dem du Schutz und Zuflucht suchtest, aber auch ein Ort, an dem du verlernt hast zu essen.
Die Stimmen deines Vaters machten dich zunehmend schwächer und bedrohten dich.
Du wolltest dich wieder unter Kontrolle bringen, du wolltest Kontrolle über dich haben.
Dies versuchtest du durch Hungern. Du wolltest anderen zeigen, dass du auch etwas drauf hast, dass du etwas kannst, was andere nicht können.

Viele beneideten dich für deine schlanke Figur, du allerdings empfandest dich zunehmend als dicker und fetter.
Du mochtest dich selbst nicht mehr leiden.
Als dein Klotzkopfvater an diesem Abend in dein Zimmer kam, waren deine Mutter und deine Geschwister auch zu Hause. Dein Papa war es nicht zu waghalsig.
Ihr hattet ein Reihenmittelhaus in einer Neubau Siedlung.
Dein Zimmer war das kleinste, jedoch gemütlich.
Er forderte dich auf, dich auszuziehen. Ich schickte dir vorsichtshalber Nebel und versuchte dich zu schützen, aber ich hatte dieses Mal das Gefühl, dass du das nicht zulassen wolltest. Du ließest es nicht dabei und weigertest dich, dich ausziehen zu müssen, du wolltest das nicht.
Dein Vater saß schon auf dir drauf, und du drohtest zu schreien, aber er griff plötzlich in seine Hosentasche, und holte wieder Geld daraus. Ich versuche dir Nebel zu schicken. Wieso möchtest du ihn nicht?
Wieder ließest du den Nebel nicht zu, du wehrtest dich. Als er fertig war, ging er von deinem Bett, und stellte sich an die Tür bei deinen Mäusen, die du über alles liebtest.
Er redete mit dir und machte seine Hose zu, als deine Mutter plötzlich in dein Zimmer kam, mit dem Satz: ,, willst du etwa noch Weihnachten bei der hocken."
Wenig später verließ dein Vater das Zimmer und du konntest die ganze Nacht nicht schlafen und bliebst wach.

Keiner merkte, was bei uns vor sich ging. Ich wurde dünner und dünner und kämpfte Tag für Tag.

Erbittert kämpfe ich jeden Tag,
Ich es fast nicht mehr vermag.
Kämpfe gegen meinen Körper,
Werde zum eigenen Mörder.
Kämpfe gegen die Schmerzen,
Sie gehen so sehr zu Herzen
Kämpfe gegen das Schneiden,
Bisher nicht zu vermeiden.
Kämpfe gegen die Nacht,
Die mir nimmt alle Macht
Kämpfe gegen Bedürfnisse an,
Bis ich nicht mehr kann.

Irgendwann habe ich rausgekriegt, dass meine Eltern meine Sachbearbeiterin angezeigten. Der Grund ist mir unklar.

Kapitel 2

KUR 2007 in Bayern

Erste Anzeichen einer Essstörung

Vom 14. Oktober bis zum 27. November 2007, war ich auf Kur in Bayern.
Einen Tag vorher war ich wieder in der Kinderklinik zur Kontrolle der Zöliakie. Dort nahmen die Ärzte mir Blut ab.
Am nächsten Tag standen meine Pflegeltern und ich schon um 4:00 Uhr morgens auf, da der Zug nach Bayern schon um 5: 44 Uhr fuhr.
Zudem musste ich noch in eine andere Stadt gebracht werden, von wo der Zug losfuhr.
Auf dem Weg in den Süden, sah ich viele verschiedene Städte vom Zug aus. Ich war beeindruckt, denn so etwas kannte ich noch gar nicht.
Die Kurklinik war eigentlich eine Klinik für Abnehmer. Ich wusste aber vorher gar nicht, was

das für eine Klinik sein sollte. Ich wunderte mich, sollte ich noch mehr abnehmen? Auf der Einweisung stand Anorexie. Was ist das? Auf einmal schwirrten mir viele Fragen im Kopf. Was sollte ich hier? Die Patienten mit denen ich ankam waren alle adipös. Im Flur, in dem wir standen, war ebenso eine Ärztin, die uns aufrief und bat mit ihr mitzugehen. Dann waren plötzlich alle weg und ich stand allein in diesem Flur. Gehöre ich etwa gar nicht hier hin? Doch dann kam sie wieder und nahm mich mit in ein Untersuchungszimmer. Ich sollte gewogen werden. Sie sagte: „stelle dich bitte mit dem Rücken zur Anzeige auf die Waage." Warum sollte ich das tun? Ich sagte ihr, dass ich sehen wolle, was auf der Waage stehe. Sie wiederholte den Satz. Dann machte ich es einfach. Nach dem Wiegen zog ich mich an. Sie wollte noch ein Arztgespräch mit mir führen. Ich soll Zunehmen! Nein, das darf mir nicht passieren! Darüber hinaus bekam ich Auflagen. In der ersten Woche sollte ich jeden Tag mindestens einen halben Kilo mehr auf die Waage bringen. Es brach Panik in mir aus. Ich weinte. Die Ärztin validierte mich. Sie könne mich verstehen. Ich wollte doch keine Tonne sein, wie die anderen hier, dachte ich. Gleich am ersten Tag bekam ich eine Ernährungsberatung, in der sofort eine Liste erstellt wurde, mit den Nahrungsmitteln, die ich täglich zu mir nehmen sollte. Wenn ich das alles essen solle, dann werde ich platzen, war die nächste Stimme in meinem Kopf. Die Ernährungsfrau sagte mir, dass ich jeden Tag 2500 Kalorien zu mir nehmen muss, um die 500 Gramm/ Tag zu schaffen. Ich fragte, was passieren würde, wenn ich dies nicht schaffe?!

– Dann werde ich begleitetes Essen bekommen!
Ohhh nein! Nicht mit mir. Ich wollte nach Hause.
Wieder weinte ich. Wie soll ich denn das
schaffen?!
Sie sagte mir, dass ich essgestört sei. „Ich bin nicht
essgestört." Entgegnete ich. Daraufhin sagte sie: „
achja, dann erzähl mir mal bitte was du wiegst und
wie groß du bist." Ich sagte: „ ich bin 1.64 m."
„und was wiegst du?" „36 Kilo.", und ich fing an
zu weinen.
Sie sagte, dass ich normalerweise „an den Tropf
gehöre".
Da hatte ich es nun schwarz auf weiß. Ich bin
magersüchtig.
Die Ernährungsberatung schlug mir eine
hausinterne Psychologin vor. Ich war überhaupt
nicht begeistert über ihren Vorschlag. Ich brauche
keine Hilfe.
So bekam ich tatsächlich noch Therapie. Über den
Missbrauch und den Dingen, die ich dort erzählen
sollte, verlor ich kein Wort.
Im Entlassungsbericht schrieb sie etwas von
„PTBS".
Aber ich habe ihr doch gar nichts von meiner
Geschichte erzählt, hatte sie es doch gewusst?!

Auch meine Pflegeeltern wussten bis dahin auch
nicht, dass ich missbraucht wurde. Haben die es
doch geahnt?!
Meine Pflegemutter fragte mich irgendwann, ob es
der Fall wäre, dass mein Vater mich sexuell
missbraucht hätte. Ich fing an zu weinen, und sagte:
„Ja." Dann flüchtete ich mit den Hunden.
Die Verletzungen wurden mehr.

Auf KUR sollte ich Abstand zu meinen Eltern bekommen, aber das war wohl nur ein Traum, da mich meine Eltern auch dort bedrohten.
Ich solle mich nicht auf die Straße trauen, denn die würden mich ja sowieso irgendwann kriegen.

Die Kur beendete ich mit Bravur. Ich nahm 7 Kilo zu und konnte dann auch endlich entlassen werden.

Dann mein erster Geburtstag in meiner Pflegefamilie.
Darauf folgte Weihnachten. Ungewohnte Tage und Feste, die bei meiner Familie nicht so groß gefeiert wurden.
Am 26. Dezember fuhr meine Pflegefamilie mit mir in das Erzgebirge.
Dort hatten meine Pflegemutter und ich uns erstmals in den Haaren.
Am 05. Januar fuhren wir wieder zurück. Auf den Rückweg fiel mir ein durchgestrichenes Telefon auf meinem Handy auf. Meine Eltern hatten wieder einmal meine SIM- Karte gesperrt.
Sie versuchten alles, um mir in irgendeiner Weise Schaden zuzufügen.
Ende des Monats fing ich an in einem Supermarkt zu jobben, um mir ein bisschen Geld dazuzuverdienen.
Ich arbeitete dort an der Kasse und meine Eltern sind immer extra an diese Kasse gekommen, meine Mutter betitelte mich als „Miststück und Schlampe".

Dir war das alles zu viel. Ich versuchte dich jedes

Mal, wenn deine Eltern an der Kasse standen einzunebeln. Du nahmst ihn aber nicht an, weil dir bewusst war, dass du arbeiten musstest, und die Ware rüberziehen musstest, gleichzeitig auch noch, dass du das richtige Rückgeld wieder gabst.
Du warst völlig aufgelöst und die Kunden guckten dich ganz komisch an.
Deine Kollegin, die dich einarbeitete übernahm die Kasse und du gingst zu deinem Chef und schildertest ihm, was dir gerade an der Kasse passiert ist.
Er war sehr nett zu dir und baute dich wieder auf.
Du gingst an die Kasse zurück und löstest deine Kollegin wieder ab, und arbeitetest ganz normal weiter, im Hinterkopf immer wider Angst habend, dass sie auftauchen.

Meine Eltern waren sehr neidisch, dass ich in einem Supermarkt gearbeitet habe, und haben mit allen Mitteln versucht, mich dort weg zu kriegen.
Mit einem Schreiben an das Jugendamt und an meine Pflegefamilie haben meine Eltern versucht mich einzuschüchtern.
Genau so formulierten und schrieben sie dieses Schreiben:

Name meiner Eltern

Ort
03.02.2008

Straße……

An das
Jugendamt …

Ort

Betrifft : *Mein Name*

Sehr geehrte Damen und Herren,

wiederholt wurde uns über Dritte berichtet das Hannah weiterhin Unwahrheiten über uns und ihre Geschwister erzählt.
 Da *(meine Sachbearbeiterin vom Jugendamt) Ort* Hannah diesbezüglich schon einmal angesprochen hat sie aber fleißig (auch bei ihrer derzeitigen Arbeitsstätte)
weiter macht sehe ich hier keine andere Möglichkeit als im Wiederholugnsfall Anzeige wegen Verleumdung / Rufmord zu erstatten.

Ich weise Sie hiermit nochmals an entsprechend auf Hannah einzuwirken. Ich scheue auch nicht davor zurück ggf. gerichtliche Schritte einzuleiten.

Mit freundlichem Gruß

Kürzel meines Vaters (Computerschriftlich)

Nachrichtlich an: *Meine Pflegeeltern ....*
Mein Name,......

Nachdem ich diesen Brief las, war ich sehr traurig, dass meine Eltern versuchen mich mit allen Mitteln unter Druck zu setzen und, dass meine eigenen Eltern mich Anzeigen wollen, für etwas, was ich niemals machen würde. Meine Pflegemutter versuchte mich zu beruhigen und munterte mich auf.
Ich hasste meine Eltern immer mehr. Auf der anderen Seite habe ich sie sehr vermisst, da es meine Eltern sind.
Das Arbeiten habe ich jedoch trotzdem nicht aufgegeben. Denn ich wollte keine Schwäche zeigen.

Im März 2008 gestand ich meinen Pflegeeltern, dass ich mich selbst verletze. Meine Pflegeeltern sind daraufhin total ausgerastet und wollten mich in eine Fachklinik fahren.
Glück für mich, dass SVV kein Grund war, mich einweisen zu lassen.
Am 01. April war ich das erste Mal bei einer Psychologin und hatte Schwierigkeiten ihr zu erzählen, was mir passiert ist.
Am 28. April 2008 kam ich in eine Wohngruppe,

da die Pflegeeltern nicht die Verantwortung für mich übernehmen wollten. So sagten sie es. Die Wohngruppe lag in einem Dorf, weit abgeschieden von jenen Städten.

Die Psychologin, zu der ich immer noch gehen musste, hatte eine eigene Praxis in einer Stadt. Der Raum war sehr groß. Rechts, wenn man hereinkam, stand eine Couch und ein Couchtisch. Auf der linken Seite stand ihr Schreibtisch und Kinderspielsachen.
In den ersten Stunden sprachen wir nur über mich, meine Hobbys und über die Schule, gleichzeitig wollte sie wissen, aus welchem Grund ich bei ihr bin.
Für mich war es sehr schwer irgendetwas zu sagen, was zu viel über mich preisgeben würde.
Ich habe sehr lange gebraucht, um überhaupt Hilfe annehmen zu können. Erst auf das Bitten meiner Pflegemutter, einen Psychologen aufzusuchen, traute ich mich.
Die Angst Hilfe anzunehmen, war groß und für mich ein großes Zeichen von Schwäche.
Eigentlich wollte ich es alleine durchstehen, Stimmen von außen machten mich nieder

Stimmen
…sie kommen näher,
Sie erschlagen mich,
Ich blute,
Ich weine,
Keiner hilft,
Sie gucken zu,

Sie lachen,
Ich weine lauter,
Die Stimmen kommen näher,
Sie erschlagen mich mehr,
Ich verblute,
Liege aufm Boden,
Keiner hilft, muss allein aufstehn,
Muss viel Kraft aufwenden.
Stimmen;
Sie kehren zurück,
Sie entblößen,
Ich muss mich ihnen verneigen,
Kann mich nicht wehren,
Bin zu schwach,
Meine Kraft lässt nach,
Er wendet sich von mir ab,
Ich weine,
Er geht,
Ich gehe…
… in eine Ecke,
Schäme mich,
Keiner merkt es,
Ich kämpfe,
Gebe nicht auf.
Doch sie kommen wieder,
Täglich begegne ich ihnen, täglich will ich sie nicht mehr hören
… und ich kann ihnen entgehen…
… für einen Moment …
… es ist still…
… ich höre sie nicht…
…doch mein Blut fließt…

Meine Welt, der Dissoziation wurde immer öfter

zum Fluchtort meiner Gedanken. Oft verlor ich mich in meinen Gedanken, und hatte keine Kontrolle mehr über mich.

Ich hatte in vielen Einzelstunden den Nebel zugelassen und war teilweise in Trancezuständen und versuchte zu flüchten.

In einer Einzelstunde, stellte sie Gummitiere auf den Tisch und wollte von mir wissen, wer meine Mutter, mein Vater, wer meine Geschwister und wer ich bin.

Ich sollte mit den Tieren illustrieren, welche Positionen wir in der Familie hatten.

Meine Muter stellte ich als Löwe dar, mein Vater war eine rot- grüne Schlange. Meine große Schwester, war eine Giraffe, mein kleiner Bruder war ein Löwenbaby und ich war eine Maus. Meine Mutter stellte ich als Löwe dar, weil sie immer geschrieen hat, laut war und Befehle gab.

Mein Vater war die Schlange, die mich auffrisst. Meine Schwester als Giraffe, die viel beobachtet. Mein Bruder ein Löwenbaby, da er immer der kleine süße ist, der alles bekommt.

Sie hatte mir damit zeigen wollen, wie die Rollen in der Familie verteilt waren. In den nächsten Stunden sprachen wir nur über die Selbstverletzung.

Sie versuchte mir Strategien zu geben, um das nicht mehr machen zu wollen. Ich nahm sie aber nicht ernst. Ich habe mir nicht vorstellen können, dass ich mit einer Chilischote von der Selbstverletzung absehen konnte.

Irgendwann war ich nicht mehr belastbar. Sie versuchte mir klarzumachen, dass ich die Schule nicht schaffen würde. Ich beharrte auf meine

Fähigkeiten und zog die Schule durch. Ich bestand meine Realschulprüfungen und wechselte durch den Ortswechsel auf ein Gymnasium.
Die Therapie machte ich weiter. Ich war jedoch kurz davor die Therapie abzubrechen. Der lange Weg in die Stadt. Ihre Argumente, das Abitur nicht schaffen zu können, machten mich aussichtsloser. Mein Gedanke nichts wert zu sein, steigerte sich.

Mitte Juni hatte ich einen Termin bei der Polizei. Ich wollte meinen Vater anzeigen, hatte auch schon eine Rechtsanwältin. Aber ich würde meinen eigenen Vater anzeigen. Dieser Gedanke ließ mich nicht los. Ich zog den Termin zurück.
Ein paar Wochen später bekam ich Post von der Anwältin meiner Eltern, die in ihrem Schreiben beschrieb, dass alles nur gelogen wäre, denn sonst hätte ich laut Anwältin die Aussage gemacht.
Daraufhin nahm ich meinen ganzen Mut zusammen. Wir vereinbarten einen neuen Termin bei der Polizei.

Am 01 August 2008 beschloss ich spontan, in die Stadt zu fahren, in der ich auch aufwuchs. Ich wollte zum Amtsgericht und einen Antrag auf Erlass einer einstweiligen Anordnung stellen. Dies heißt so viel wie:„ich will meinen Eltern das Sorgerecht entziehen".
Ich war ganz alleine dort. Für diesen Antrag musste ich Gründe nennen.
Das war eigentlich auch kein Problem, wenn nicht die Hemmung da gewesen wäre, zu sagen, dass ich missbraucht wurde.
Auf dem Heimweg weinte ich ganz viel, weil ich

selber nicht verstanden habe, was ich da gerade
gemacht habe. Meinen eigenen Eltern das
Sorgerecht entziehen lassen. Ich war entsetzt von
mir selbst.
Eine Betreuerin tröstete mich und war für mich da.
Ich brauchte den Nebel von dir nicht. Ich schaffte
es ganz gut ohne dich.

*Jetzt war ich doch wieder für dich da. Es war der
26. August 2008. An diesem Tag musstest du zur
Polizei und die Aussage machen. Du gingst an
diesem Tag nicht zur Schule, und hattest große
Angst davor, so viel von dir preiszugeben. Es ging
ja auch nur dich und mich etwas an.*
*Die Polizistin ging mit dir in einen schön
eingerichteten Raum.*
*Sie hängte dir ein Mikrofon an deinen Pullover, da
das eine Videovernehmung war.*
*Die Polizistin fragte dich unter anderem, ob
Klotzkopf einen Samenerguss hatte, du sagtest
nichts, schämtest dich dafür.*
*Sie erwartete eine Antwort. Ich habe dich wieder in
einen Trancezustand versetzt, und der Raum wurde
viel größer. Eine andere Stimme riet dir nichts zu
sagen. Es war ja schließlich auch dein Vater, den
du da anzeigtest.*
*Bis zu dem Zeitpunkt, als plötzlich deine
Sachbearbeiterin vom Jugendamt, zu dir in den
Raum wollte, warst du weg, du wachtest erst auf,
als sie rein wollte. Die Polizistin fragte dich, ob es
in Ordnung für dich wäre, wenn sie mithört oder
mitguckt. Es war ja schließlich eine
Videovernehmung.*
Du wolltest aber nicht und verneintest. Sie war dir

ohnehin schon unsympathisch.

Flashbacks zogen in deinem Kopf herum. Du musstest die Situationen schildern.
Wie immer ging er mit dir in den Keller. Er machte das Licht erst dann aus, wenn er den richtigen Platz gewählt hat.
Es war immer bei dem Sandspielzeug in der Ecke; links neben dem Holzbrett, an dem du dich hinhocken oder legen musstest.
Klotzkopf zog dich aus, und machte seinen Gürtel auf. Ich schickte dir Nebel. Auch hier nahmst du ihn dankbar an, und hieltest die Situation aus.
Jedes mal hatte er den Gürtel mit der Adler-Schnalle um seine Hose. Du hast ihn gehasst.
Er fasste dich überall an. Als du von meinen Nebel wieder aufwachtest, hast du die Brettervorschläge an der Decke wahrgenommen, und das Blut, das aus deiner Scheide kam, aber das war nichts Neues mehr für dich.

Kellerräume dunkel und kalt,
Machen in meinen Erinnerungen keinen Halt,
Bretterverschläge, Spinnen, Dreck,
Alles erzeugt, in mir einen Schreck,
Er ist dabei und zieht mich aus,
Es ist alles furchtbar und ich möchte raus!
Hab keine Kraft mich zu wehren,
Muss alles aushalten, mich vermehren.
Um uns herum wird es Nacht,
Nur einer hat hier die Macht.
…

Es war jedes Mal eigentlich immer das Gleiche. Er

ging fast immer mit mir in den Keller, bis wir irgendwann keinen mehr hatten.

Nach ca. einer Stunde hatte ich die Aussage überstanden. Meine Betreuerin fuhr mit mir dann nach Schleswig und nahm sich auf den Rückweg viel Zeit für mich.
Die Tage und Wochen nach der Aussage, waren sehr schwer. Ich wollte nicht wahrhaben, dass ich meinen Vater angezeigt habe und machte mir große Vorwürfe.
Die Selbstverletzungen wurde schlimmer und die Flashbacks stärker. Sie tauchten öfter auf.
Während der Therapie fragte sie mich, „wie es war". Ich ging nicht auf sie ein.
Ich wollte ihr nichts erzählen, deswegen fragte sie mich, wie es jetzt weitergehen soll. Auch das konnte ich ihr nicht sagen.
Ganz oft versuchte sie mich wieder aufzuwecken. Immer wieder gelang ich in Dissoziationszustände. Sie klatschte in die Hände, und holte mich so zurück.
Die Einzelstunden wurden schwerer für mich, und sie fragte immer Sachen, die ich ihr schon tausendmal sagen musste. Sie stellte immer dieselben Fragen.
Die darauf folgenden Tage waren schrecklich und ich habe ganz viele Gedichte geschrieben, um das was mir im Kopf herumschwirrte aufzuschreiben.

B., den 28. 08. 2008

Ich habe Angst,
Wie du in mich eindrangst,
Triffst in meine Seele mit `nem Schwert,

Warum bleibst du unversehrt?
Du leugnest es und gibst es nicht zu,
Ich komme nicht zu Ruh',
Du drohst mir,
Nahmst mein Stofftier,
Ich weinte,
Und du gingst nur zur Seite,
Gucktest zu, wie ich mich quälte,
Ich mir Hilfe ersehnte.

B., den 29. 08. 2008

Mein Kopf ist dicht,
Sehe schwarz, kein Licht,
Das Gefühl, mein Schädel sprengt,
In die Ecke zu sehr eingeengt,
Dann schneide ich wieder,
Die Stimmen machen mich nieder,
immer dieselben Gedanken in mir,
Zu sehr sind sie bei dir.
Sehe keinen Ausweg,
Da ist nur ein kleiner Steg,
Schwarz und klein, da will ich nicht sein.

B., den 30. 08. 2008

Die Last auf mich gedrückt,
Es tut weh, wenn ich mich␣bück',
Schwer es zu transportieren, muss damit jonglieren,
Schwer es wegzuwerfen,
Es geht mir auf die nerven.
Am Ende der Kraft,
es nimmt mir alle Macht.

Meine Problematik verschlimmerte sich. Das Erbrechen und die Selbstverletzung wurde schlimmer und tiefer.
Alles was ich zu mir nahm, musste so schnell wie möglich herausbefördert werden.
Die Essensverweigerung übertrug sich zum nur noch „Papier- essen" über, bis meine Betreuerin mir wieder die Wahl gab, entweder essen, oder Klinik.
Ich aß wieder. Jede Mahlzeit wurde zur Qual. Ich hatte das Gefühl, dass ich mit jeden Bissen dicker wurde.
Aber in die Klinik wollte ich nicht. Ich war stark genug das alleine durchstehen zu können.

Am 27. November 2008 hatte ich einen Gerichtstermin.
Es ging um das Sorgerecht. Wieder hatte ich panische Angst auf meine Eltern zu treffen. Eine Betreuerin ist mitgekommen.
Wir warteten im Gerichtsgebäude vor dem Saal, in dem sich jetzt alles abspielen würde. Ich stand an einem Fenster und wartete auf meine Rechtsanwältin.
Wenig später, waren meine Eltern auch im Gerichtsgebäude, keine Anwältin war bis dahin vor Ort, ich hatte Angst.
Fr. Tobias, meine Betreuerin, sagte mir immer wider, dass ich aus dem Fenster gucken soll.
Ich war den Tränen nahe.
Um 12:00 Uhr gingen wir in den Gerichtssaal.
Zuerst meine Eltern. Wenig später gingen wir.

Meine Rechtsanwältin sagte, dass ich mich an das Fenster setzen könnte. Das tat ich auch.
Die Richterin fragte lediglich, ob immernoch der Wunsch bestehe, meinen Eltern das Sorgerecht zu entziehen, oder nicht. Ich antwortete „ JA".
Danach wurden meine Eltern gefragt, ohne irgendetwas anderes zu sagen, stimmte auch die Rechtsanwältin meiner Eltern zu.
Und somit war die Verhandlung auch geschlossen. Sie diktierte das Gesagte, und wir konnten gehen.
Im Auto angekommen, waren wir sehr erleichtert und ich bedankte mich sehr bei meiner Anwältin.
Aber der Prozess steht auch noch aus….

Es war Dezember. Mein Opa hatte Geburtstag.
Wir waren Essen in einem Restaurant. Das war ein schönes Ereignis.
Dann war es auch endlich Mal soweit. Ich brach die Therapie ab.
Das erste Weihnachten in der Wohngruppe, ohne irgendwelche Bezugspersonen.
Alle freuten sich nach Hause fahren zu können. Ich musste in der Einrichtung bleiben. Die Sehnsucht nach meinen Eltern wurde groß.
Mein Geburtstag rückte näher. Eine Mitbewohnerin blieb noch bis zum 23. und fuhr erst dann mit dem Zug nach Hause.
Ich sollte meinen Geburtstag planen.
Wir waren zusammen mit dem Zivi im Supermarkt einkaufen. Dort holten wir alles für einen Brunch.
An meinem Geburtstag ist eine Betreuerin mit mir Badminton spielen gegangen.
Abends gab es Hähnchen mit Salat. Abends im Bett war ich froh, dass der Geburtstag endlich vorbei

war. Aber nun ist Weihnachten.
Unser Weihnachten in der Einrichtung wurde versucht, so schön wie möglich zu gestalten.
Meine Eltern habe ich trotzdem vermisst. Ich hatte seit kurzem Kontakt zu meiner Schwester. Sie lebt noch zu Hause. Wir haben SMS geschrieben, denn Mama und Papa durften nicht wissen, dass wir Kontakt zueinander haben.

Sie war enttäuscht über ihr Geschenk, da sie nur Geld bekam.

Das neue Jahr stand an und ich hatte Angst vor diesem Jahr.
Ich wusste, dass das mit der Anzeige nicht alles war. Ebenso wusste ich, dass wieder 365 Tage auf mich zustoßen werden.
Das wollte ich nicht, das war eine viel zu große Herausforderung für mich.
Sylvester wurde dann auch unerträglich für mich.
Der Gedanke, dass meine Eltern mit meinen Geschwistern an diesem Abend wider Fondue machten und ich nicht bei meiner Familie mitessen kann. Ebenso der Gedanke, dass meine Mutter mir einen Tag später das Brotschneidemesser in den Finger rammte, ließ mich nicht kalt.
Auch an diesem Tag machten sich Flashbacks in meinem Kopf breit.

                                        B., den 31. 12 2008
Warum macht ihr das,
Ihr wisst genau, dass ich es hass',
Bringt mich schon wieder zum weinen,
Warum lasst ihr es nicht sein?

Hasse dich,
Lass mich!!!

                                         B., den 31. 12 2008

Schon wieder Stimmen,
Sie in mich dringen,
Seh' alles vor meinen Augen,
Sie an meinem Gewissen saugen.
Wieder mal keine Kraft,
und am Ende aller Macht.

Nachmittags saß ich ziemlich lange leicht bekleidet mit einem T-Shirt und einer kurzen Hose, auf der Terrasse, bei – 12 Grad Celsius.
Die Betreuer merkten das ungefähr zweieinhalb Stunden später. Ich war schon unterkühlt, aber auch auf Aufforderung, wollte ich nicht hereinkommen. Ich wollte mich bestrafen.

                                         B., den 31. 12 2008

Von einer Minute auf die andere wird sie mir genommen,
die ich vorher hab, dazu gewonnen.
Sie nehmen mir alles, was ich besitz,
kriegen alles spitz.
Kann nur noch parieren,
will nicht verlieren.
Sie nehmen mich nicht ernst,
habe mir alles verscherzt.
Zu nah sind sie bei mir,
Sie gehen alle nur nach dir.
Der König der Kumpanen,
das wird ich ahnen.
Stehst über allen,
die wie ich, tief fallen.

Meinen Betreuern ist aufgefallen, dass sich meine Lage nicht besserte. Auch jetzt wollten die mich in eine Fachklinik bringen. Ich wollte immer noch nicht.

Ich hatte keine Therapie mehr, und das Gefühl nicht verstanden zu werden.

B., den 04.01.2008

Warum versteht ihr mich nicht?!
Bei mir macht alles dicht.
Hab wie immer keine Kraft,
er wieder lacht.
Auch hier kann mich keiner verstehen,
sie können oder wollen es nicht sehen.
Mag nichts sagen,
kann es nicht wagen.

Ich hatte keine Geduld mehr, und bekam laufend Post von meiner Rechtsanwältin.
Die Schuld suche ich zunehmend bei mir.

B., den 07.01.2009

Ich bin der Grund für das Passierte,
ich früher dies schon an mich schmierte,
ich mag mich nicht leiden,
kann es nicht meiden.
Nicht essen,
Das kannst du vergessen.
Immer noch liegt die Schuld bei mir,
nicht bei dir!!!
Ich fühl mich zu dick,
versink im Schlick.

So langsam verlor ich meine Kraft und hatte mich gar nicht mehr unter Kontrolle.
Ich vermisste meine Eltern. Ich war ganz allein. Ich will wenigstens das Gefühl haben, dass jemand für mich da ist, aber das hatte ich nicht.

B., den 04.01.2009

Kann nicht mehr kämpfen,
kann nicht mal versuchen, es zu dämpfen,
jeder versuch scheitert,
sie haben sich verbreitet.
Jetz' hab ich wie immer keine Macht,
eingeschlossen in einen Kleinen Schacht.
Ich habe was aus mir raus gelassen,
sie haben mich erschossen.
Ich hatte es dir versprochen,
und schon gebrochen.
Es tut mir leid,
ICH, mir das unter die Nase reib.

Ende Januar besuchten meine Großeltern von der Seite meines Vaters mich in der Einrichtung. Der Besuch war ein schwerer Besuch für mich.
Meine Großeltern gaben mir die Schuld, dass ich am 25. Mai 2007 abgehauen bin und, dass meine Familie so zersplittert ist.
Daraufhin schrieb ich denen einen Brief:

B., den 24. 01.2009

Liebe Oma, lieber Opa,
ich habe etwas über eurem Besuch nachgedacht. Mir ging es nach eurem Besuch überhaupt nicht gut, und habe mir,

so wie ihr es mir sagtet, und so wie es bei mir ankam, viele Schuldgefühle gemacht. Ich möchte, dass ihr akzeptiert, dass ich über bestimmte Dinge nicht reden möchte. Über den Besuch habe ich mich wirklich riesig gefreut, aber ich habe mir, nachdem ihr weg wart, viele Gedanken gemacht, leider nur negativ.

Mich haben so manche Sätze sehr tief getroffen. Und, dass ich hier mit "fremden" Personen (Erziehern) rede, ist eine sehr gute Alternative, im Gegensatz zu "Eltern", die ich nicht besitze.

Ein Heim oder eine Einrichtung brauch auch nicht immer gleich schlecht zu sein! Dass ich mit euch über mich nicht sprechen möchte, müsst ihr einfach so hinnehmen. Ich habe so meine Gründe, und möchte euch damit nicht verletzen. Ich weiß auch, dass ihr das nicht wahrhaben wollt, dass ich nichts über mich preisgeben möchte, aber ihr seid für mich auch großartig und ich habe euch doch auch lieb!

Ich weiß auch genauso gut, dass ich vielleicht an manchen Abläufen des Weglaufens am 25. Mai 2007 Schuld bin. Das brauch mir keiner zu sagen!
Aber es ist weniger meine Schuld, dass ich nicht mehr in der Pflegefamilie wohne und nach B. gekommen bin. Ich habe die Nähe einfach nicht mehr ausgehalten.
Ich weiß jetzt auch, nachdem ich diesen Brief geschrieben habe, dass ihr euch

Fragen stellt, wie: " Warum sagt sie nicht, Warum?", oder " mir ging es auch schlecht!", oder die will nur Aufmerksamkeit!", oder "warum schreibt sie so etwas?", oder "ich verstehe das nicht!" Warum ich es nicht sagen möchte, habe ich erwähnt; ich möchte euch nicht verletzen.......
Warum ich diesen Brief schreibe, hat etwas damit zu tun, das mich der Besuch ein wenig zum Nachdenken gebracht hat.
Ich hoffe, ihr seid mir nicht böse, und könnt mich ein wenig verstehen. Ich habe euch lieb und denke oft an euch!

Hannah

Die Schule versuchte ich so gut, wie möglich hinzukriegen. Im Januar passierte so gut wie gar nichts.
Nur Referate standen an. Ich machte alles so, wie die Lehrer es vorschrieben.
Anfang Februar bekam ich Post von der Staatsanwaltschaft. Ich sollte die ganzen Körperverletzungsakte mit Tatort, Datum, …aufschreiben und dies meiner Anwältin zusenden. Weiterhin sollte ich Zeugen benennen und mit Adresse versehen, und ebenfalls zusenden.
Als ich alles aufschrieb, ging ich zu meiner Bezugsbetreuerin, weil ich ein schlechtes Gewissen bekam.
Ich sagte bei meinem ersten Termin bei der Polizei nicht alles aus.

Sie sagte mir, dass ich noch eine weitere Aussage machen muss.
Frau Tobias telefonierte auch sofort mit der Polizei. Ich sollte einen neuen Termin ausmachen.

Am 18. Februar 2009 hielt ich mit meinen Freundinnen ein Referat über die CDU, und wir bekamen 12 Punkte von unserem Lehrer, dies entspricht der Note:2+, und wir haben uns riesig darüber gefreut.
Am 25. Februar rief ich bei der Polizei an und machte dort einen neuen Termin aus, für den 03. März 2009.
Einen Tag vor der Aussage hatte ich einen Vorstellungstermin in einer Psychiatrie um 14:30 Uhr.

Dann war es soweit. Ich hatte den Termin um 14:00 Uhr vereinbart. Wieder hatte ich Angst, obwohl ich das schon kannte. Wieder ging ich nicht zur Schule. An diesem Tag ging ich morgens um 6:00 Uhr heulend nach oben und sagte dem Erzieher Bescheid, dass ich nicht zur Schule gehen möchte. Das war auch völlig in Ordnung.
Nachdem wir einen Mitbewohner zur Arbeit brachten und wieder zu Hause ankamen, verkrümelte ich mich im Zimmer und heulte ganz viel. Ich hatte Angst. Wieder mache ich eine Aussage gegen meinen Vater. Was mache ich da eigentlich?
Wir fuhren um 13:00 Uhr los, sodass wir um 13: 50 Uhr in meinem Heimatort waren.
Dort angekommen, wollte ich nicht aussteigen. Zehn Minuten später gingen wir dann dorthin. Die

Polizistin erklärte mir noch einmal den Ablauf.
Sie ging mit mir und meiner Betreuerin wieder in den hübsch eingerichteten Raum. Ich bat dieses Mal darum, dass meine Betreuerin mit hinein kommen darf.
Ich brauchte Sicherheit.
Eine Stunde saßen wir dort und die Polizistin fragte jedes Mal, ob er einen Samenerguss hatte. Aber ich konnte ihr diese Frage nicht beantworten. Mir war es zu unangenehm.

Ihr wohntet in einer fünf- Zimmer Wohnung in einem Mehrfamilienhaus.
Du hattest wieder eine glatte sechs in Mathe mit nach Hause gebracht.
Klotzkopf kam in dein Zimmer, deine Mutter, wollte, dass du dafür bestraft wirst. Er schrie dich an. Du solltest deine Hose herunterziehen. Ich schickte dir Nebel.
Erst schlug er auf deinen Po ein, danach fing er an, ihn zu streicheln und machte seine Hose auf.
Klotzkopf versuchte es in deinen Po zu stecken, aber er kam nicht ganz hinein. Du warst erst einmal befreit, aber wieder bat er dich, sein Glied in deinen Mund zu nehmen und daran zu lutschen. Er bekam einen Samenerguss und du durftest es nicht erbrechen, du tatest es aber trotzdem.
Dein Erbrochenes solltest du vom Boden auflecken.
Du schämtest dich in Grund und Boden.
Dir war es sehr unangenehm. Als deine Mutter deinen Vater rief, ließ er von dir ab, machte seine Hose zu und ging zu deiner Mutter.
Du weintest und gingst unauffällig auf Toilette und erbrachst es noch einmal. Du hattest Glück, denn

es bekam keiner mit.
Den Tag verbrachtest du wider ohne Schlaf.

Die Teildissoziation half mir teilweise, mich irgendwie zu retten.
Eine Stunde später hatten wir es geschafft und wir konnten den Raum verlassen und fuhren schnellstmöglich aus dieser Stadt heraus.

Nach dieser Aussage ging es mir so schlecht, dass ich die Tage darauf etliche Nervenzusammenbrüche erlitt.
Am 09. März ging ich abends zu Frau Tobias, der ich dann sagte, dass ich es in der Einrichtung momentan nicht schaffe. Ich wollte in die Psychiatrie. Überrascht von mir selbst.
Das war das erste Mal, dass ich Hilfe in Anspruch nahm.
Am nächsten Tag rief der Diensthabende Betreuer in der Fachklinik an.
Frau Tobias war gerade mit mir auf dem Weg zur Kinderklinik, als der Betreuer uns anrief und uns bekannt gab, dass ich am nächsten Tag um 13:00 Uhr Aufnahmegespräch habe.

Kapitel 3

Der erste Klinikaufenthalt in der Psychiatrie

Ist Hilfe denn wirklich gut?

Es war Mittwoch, der 11. März, an dem ich in der Klinik aufgenommen wurde.
Die Station auf der ich war, ist eine Station in der Fertigkeiten vermittelt werden. Dies soll helfen das Problemverhalten reduzieren zu können.
Jeder Patient bekommt dort eine Bezugsperson, mit der wir uns einmal in der Woche zusammensetzen mussten.
In meiner ersten BP- Stunde entwickelten wir ein Abendritual. Es sollte mir helfen, die Abendsituation zu erleichtern.
Neben den BP- Stunden, hatte ich auch Musik- Therapie.
Ebenso standen zwei Einzel- Stunden mit der

jeweiligen Therapeutin auf dem Plan.
Ich war anfangs sehr ängstlich und zurückhaltend.
Frau Danker schrieb mit mir einen Zettel, auf dem Fertigkeiten standen, die ich, wenn Flashbacks auftreten, anwenden soll.
Ganz unten stand der Satz: „Du bist hier sicher!"
Ich fühlte mich von Anfang an bei Frau Danker wohl.

In den ersten drei Wochen unterhielten wir uns nur über die Meldung der Selbstverletzung, da ich es nicht melden wollte.
Nachdem ich vor die Wahl gestellt wurde: „melden oder Therapieabbruch", haderte ich lange mit mir und ich war kurz davor, die Therapie abzubrechen.
Würde mir die Therapie helfen? Habe ich eine langfristige Aussicht auf Besserung? Wird es mir wieder gut gehen? Werde ich „normal" leben können? Ich hatte Hoffnung, Hoffnung, dass das `was ich mir wünsche in Erfüllung geht und ich es schaffe ein normales Leben führen zu können.
Also entschied ich mich die SV zu melden.
Ich machte mit meiner Therapeutin aus, dass ich es erstmal nur meiner Bezugsperson melde.
Ab und zu klappte es auch. Es gab jedoch auch Tage, an denen ich es nicht geschafft habe Bescheid zu geben.
Von Zeit zu Zeit wuchs mein Vertrauen zu den Erziehern und Krankenschwestern.
Ich habe gesehen, dass die dort ganz anders auf das Verhalten reagieren, und meldete es immer dann wenn das SVV wieder auftrat.
Der Therapiezyklus, bestand darin, mich erst einmal zu stabilisieren.

Ich stellte mir in den BP- Stunden eine Liste mit Fertigkeiten zusammen, die mir in schwierigen Situationen helfen sollte.
Aber gerade in schwierigen Situationen, sollte ich die Fertigkeiten anwenden, um der Selbstverletzung vorzubeugen.
In den ersten Wochen, habe ich mich sehr oft verletzt. Nach jeder SV, mussten wir eine Verhaltensanalyse schreiben, damit die Therapeutin versteht, warum ich diese Intervention getroffen habe.
Ich habe sehr viele VA's schreiben müssen. Trotzdem hatte ich Probleme mich auszudrücken und ihr irgendetwas von mir preiszugeben.
Das war immer etwas, das ich gehasst habe. Ich musste über mich berichten.
Nach einem Einzeltermin fragte ich sie, ob sie meine Gedichte durchlesen wolle.
Dies wollte sie gerne machen, und ich gab ihr mein Buch, in dem ich alle meine Gedichte hineinschrieb. Nach ungefähr vier Wochen gab sie es mir wieder zurück und fragte, ob ich mit ihr irgendein Gedicht aus dem Buch besprechen möchte. Ich verneinte.
Ich gab es ihr ja nicht, damit sie hinterher mit mir darüber spricht, ich wollte, dass sie mich versteht, warum ich so bin, wie ich bin.
Nach einiger Zeit hatte ich Vertrauen zu ihr, wenn sie nachfragte, antwortete ich ihr, und ich wusste so einigermaßen, wie ich es ihr sagen sollte.
Des Weiteren sollte ich Hilfe annehmen. Die Hilfe, die ich von den Erziehern bekomme. Aber, wie nehme ich Hilfe an, wenn ich sie gar nicht haben möchte.

Nach zwei Wochen machte meine Therapeutin mit mir einen Spaziergang. Das war eine sehr gute Idee und ich hatte nicht so eine große Hemmung gehabt etwas von mir erzählen zu müssen.

Sie hörte mir immer zu und ließ mich ausreden und interessierte sich dann auch noch für mich.
Das habe ich vorher noch nie erlebt. Das war neu für mich.
Am nächsten Tag hatte ich wieder Schule. Das war nicht anspruchsvoll und keine Herausforderung für mich.
Die Wochenenden waren die reinste Qual, wir bekamen an den Wochenenden immer eine Wochenendbeurlaubung. Ich fühlte mich in der Klinik zu sicher.
Es erfolgte jedes Wochenende zu Hause Selbstverletzendes Verhalten.
Ich habe es den Betreuern aber nicht gemeldet. Ich kann keine Nähe zulassen. Habe Angst, wenn mir eine Hand zu nahe kommt
Sie würde mir wehtun.

17. August 2003

Meine Hände, deine Hände?
Egal wie ich sie wende,
selten sie zu mir gehören,
sie mich immer wieder stören.
Sie tun mir weh, wie er es tat,
ich die Grenzen nicht zu ziehen vermag.
Verlangende kalte Hände,
sie führen es zu Ende.
Fordernde brutale Hände,

wie ich sie auch verwende.
Immer sind sie mit dem verbunden,
was mich früher hat geschunden.

Nach und nach entwickelte ich mit meiner
Therapeutin eine Fertigkeit, die ich während der
Versorgung anwendete. Ich hörte während der
Versorgung Musik.
Somit schaffte ich es immer öfter die
Selbstverletzung zu melden und versorgen zu
lassen. Trotzdem blieben die VA- Besprechungen
immer noch an erster Stelle des Einzel-
Gespräches.

24. März 2009

Ärger, Trauer, Wut, Hass,
alles auf mich prasst.
Schließt mich ein,
kommst in mich rein.
Gefesselt, eingeengt von dir,
wegen mir?
Fragen an dich,
wieso weiß ich nich'.
Ich will hier weg,
aus diesem Dreck!!!

Die Therapeutinnen weckten mich zunehmend auf
und baten mich den Raum zu verlassen und mir
etwas zu holen. Auf Station nahm ich mir immer
ein Cool- Pack mit, das mir teilweise half, nicht
wieder in meine Trancezustände zu kommen.
Immer mehr machte ich mir Schuldgefühle und
Vorwürfe.

Schuldig, an meiner eigenen Lage!
Schuld, meine tägliche Plage.
Schuldig, die Frage, die immer wieder auftaucht.
Schuld, die mir den Verstand raubt:
SCHULDIG

Meine Therapeutin versuchte mir immer deutlicher klarzumachen, dass die Schuld nicht bei mir, sondern bei meinen Eltern liege. Von denen wollte ich aber eine Antwort auf meine Frage. Warum die das gemacht haben, da ich aber keine bekam, musste ich sie mir selbst beantworten und gab mir die Schuld, in dem ich mich selbstverletze oder erbreche oder die Nahrung verweigere.

Frau Danker hatte in den Osterferien Urlaub, und ich bekam eine andere Therapeutin. als Vertretung. Bei ihr hatte ich nur ein Einzel in der Woche, in denen ich die Verhaltensanalysen besprechen musste.
Ebenso haben wir uns über meinen Bruder unterhalten, der noch bei Mama und Papa lebt, und dort eventuell noch Gewalt erfährt.

Ich habe mich in den zwei Wochen so ungefähr jeden Tag selbst verletzt, und es nicht gemeldet. Die Therapeutin fragte mich am Anfang des Einzels, ob ich mich selbst verletzt habe. Ich kann aber nur sehr schlecht lügen und bin dabei sehr ironisch und habe jedes Mal, wenn ich etwas gesagt habe, gelacht.
So hatte ich am Ende der zwei Wochen 17 Verhaltensanalysen schreiben müssen.
Nach ihrem Urlaub arbeiteten wir unter anderem

auch, die Situation in der Einrichtung, wenn der Betreuer Dienst hat, von dem die Flashbacks ausgelöst werden, besser bewältigen zu können. Auch hier hat es lange gedauert, bis ich die Situation zu Hause so halb akzeptierte.

An einem Wochenende erzählte meine Schwester mir, dass mein Bruder einen schweren Unfall gehabt haben soll: Schnitte auf der Brust und geprellte Rippen.
Er erzählte, dass er mit dem Rücken gegen ein Fußballtor gelaufen wäre. Das konnte aber nicht stimmen, da man davon keine Schnitte auf der Brust bekommen kann.
Somit habe ich mit einer Therapeutin über meinem Bruder gesprochen. Zuerst rief sie beim Jugendamt an, um eine Kindeswohlgefährdung heraus zu gegeben.
Als Frau Danker auf Fortbildung war, hatte ich eine andere Therapeutin in Vertretung und mit ihr über die Situation geredet, die daraufhin noch einmal bei dem Jugendamt anrief und eine erneute Kindeswohlgefährdung herausgab.
Erst dann kümmerte sich das Jugendamt um den Fall und ging mit meinem Bruder zum Arzt, der dort untersucht worden ist.

Meine ehemalige Betreuerin aus der Wohngruppe war mit meinem Bruder beim Arzt. Meine Betreuerin fragte meinen Bruder, ob er denn überhaupt wissen würde, wie es mir geht, und wo ich bin.
Mein Bruder antwortete darauf, dass er lediglich wisse, dass ich nur Schlechtes über die Familie

gesagt hätte. Meine ehemalige Betreuerin, Frau Kora sagte ihm, dass das nicht stimmt und meine Eltern dies nur sagen.
Auf die Frage meiner Betreuerin, wie es mir geht, antwortete mein Bruder: „Gut!".
Frau Kora sagte ihm, dass das nicht stimmen würde.
 Der Arzt, bei dem mein Bruder untersucht wurde, sagte jedoch nur, dass die Schnitte auf der Brust ungewöhnlich wären, aber mein Bruder wollte nichts sagen und schwieg.
Er bekam die Nummern von dem Jugendamt und kann sich bei den Ärzten jederzeit melden. Er tat es leider nicht.
Mit meiner Schwester hatte ich weiterhin einen sehr guten Kontakt.
Am 13. Mai 2009 bekam ich einen Anruf vom Jugendamt, wegen meines Bruders, dass die leider nichts weiter machen können, da mein Bruder sich nicht äußert.
Mir tat mein Bruder leid, und ich ging zu meiner Therapeutin und fragte, wie ich meinem Bruder jetzt noch helfen kann. Sie sagte mir, dass ich jetzt schon alles gemacht habe und, dass mein Bruder jetzt die Chance hat Hilfe zu bekommen.
Aber leider wusste sie nicht, dass ich in meiner Situation, kurz bevor ich abgehauen bin, auch nicht das Telefon bekommen habe.
Das Handy wurde mir auch abgenommen, damit ich keine Kontakte mehr herstellen kann.
Mir blieb dann nur noch übrig die Schule zu schwänzen und von meiner Nachbarin aus in der Kinderklinik anzurufen.
Da mein Bruder vor zweieinhalb Jahren auch noch

alles bekommen hat, was er haben wollte, war ich mir nicht so ganz sicher, ob er genau die gleichen Konsequenzen bekam, wie ich.

Es war Mitte Februar, du warst auf deinem Zimmer. Dein Vater brachte dir ein Brot und ein Glas Wasser auf dein Zimmer. Du warst fünfzehn Jahre alt und besuchtest die neunte Klasse. Deine Leistungen verschlechterten sich. Auch lernen brachte dich nicht weite. Du hast trotzdem immer schlechtere Noten geschrieben. Dein Vater stellte nicht nur das Brot und das Wasser in deinem Zimmer, er kam hinein und zog sich aus. Eine Situation die sich immer so abspielte.
Zuerst fasste er deine Brüste an, fasste dir dann in deinen Intimbereich und machte seine Hose auf. Dieses Mal hatte er keinen Gürtel um seine Hose. Du solltest dich mit den Händen am Boden abstützen und auf den Boden hocken.
Wie ein „Hund" solltest du dort sitzen. Du machtest es, wie Klotzkopf dir gesagt hatte. Dann steckte er sein Glied in deinen Po.
Es tat dir so weh und ich nebelte dich ein, damit du den Schmerz nicht ertragen musstest. Dir kam es wie eine halbe Stunde vor, die dein Vater mit dir in deinem Zimmer verbrachte.
Klotzkopf verließ den Raum ohne dich anzuziehen, deine Mutter rief deinen Vater. Er ging, und zog sich schnell an.
Du weintest nicht. Dein After war eingerissen und du hattest so große Schmerzen, wenn du auf Toilette gehen musstest. Ich ließ dich danach alleine, und du dissoziiertest vor dich hin.

Nachdem du wieder zu dir kamst, gingst du duschen. du wolltest deinen Vater aus dir waschen.

Die Dusche tat mir in dem Moment sehr gut. ich ekelte mich vor den Samenergüssen meines Vaters. Ich hasse diesen Geruch und das Gefühl, meinen Vater in mir zu haben.
Mein Vater ließ sich bei meiner Mutter nie etwas anmerken. Meine Geschwister merkten auch nichts. Meine Schwester war arbeiten und mein Bruder hing nur vor seiner Spielkonsole in seinem Zimmer.

Ab Anfang Februar 2007, (zu diesem Zeitpunkt wohnten wir in der Neubausiedlung) war es in einer Woche fast jeden Tag an dem er mich missbrauchte.
Auch der Ort war nicht immer der gleiche. Mal war es mein Zimmer. Mal war es der Dachboden und mal war es in dem Schlafzimmer meiner Eltern.
Als wir noch in dem Mehrfamilienhaus wohnten, war es am häufigsten der Keller. Ab und zu war es auch mein Zimmer, aber das geschah meistens nur dann in meinem Zimmer, wenn ich die Hausaufgaben nicht richtig gemacht, oder, wenn ich eine schlechte Zensur nach Hause brachte, denn da hatte mein Vater die Gelegenheit gehabt, nicht entdeckt zu werden. Es kam nie jemand in meinem Zimmer, wenn er mich verprügelte.

Ob mein Bruder so etwas Ähnliches jetzt erfährt. Ob meine Schwester so etwas erfahren hat, weiß ich auch nicht, aber sie weiß, dass es mir widerfahren ist.

Sie wurde Anfang Februar aus dem Haus geschmissen. Am 25. November, zwei Tage vor der Verhandlung, hat sie sich das erste Mal wieder bei mir gemeldet, gesagt, dass sie meine Nummer von meinem Großvater hat, und sie sagte mir auch, dass unsere Eltern zu der Sorgerechtsverhandlung kommen wollen.
Es war denen freigestellt zu kommen. Ich wusste, dass sie kommen werden, meine Rechtsanwältin informierte mich darüber, denn sie sprach mit der Anwältin meiner Eltern.
Ab diesem Zeitpunkt hatten wir einen kurzen Kontakt, der sich von Zeit zu Zeit stabilisierte.

Meine Therapeutin wollte wissen, wenn es etwas Neues gab, das meinem Bruder betraf. Über Himmelfahrt hatten wir wieder eine Wochenendbeurlaubung bekommen, aber Frau Danker empfand es als sinnvoller, wenn ich in der Klinik bleibe.
Am 20. Mai 2009, bekam ich einen erneuten Anruf vom Jugendamt, dass die sich nicht sicher sind, ob mein Bruder dort Gewalt erfährt, oder nicht.
Das Jugendamt schätzte die Situation so ein, dass es tatsächlich so sein könnte, und informierte mich darüber. Weiterhin sagte sie mir, dass ich mit niemandem über die Meldung der Kindeswohlgefährdung reden soll, da sie meinen Bruder über das Wochenende schützen wollen und kommende Woche sich mehr ergeben werde.
Sie redete mit mir über Mittwoch, wegen meines Bruders, und fing fast während des Gespräches an zu weinen, weil sie es so rührte, wie ich mich um meinen Bruder kümmere.

Ebenso redete sie mit mir über den gestrigen Tag, wie ich ihn überstanden habe. Ich habe nur wenig geschlafen und Flashbacks gehabt.

Von Samstag auf Sonntag hatte ich dann auch wieder, wie die anderen eine Wochenendbeurlaubung, die ich auch relativ gut überstand.
Wie immer habe ich eine VA schreiben müssen, weil ich mich selbst verletzte.
Ein Betreuer, der mich sehr triggert, hatte an diesem Tag Nachtbereitschaft gehabt, sodass Flashbacks ununterbrochen auftraten und ich auch nicht schlafen konnte. Ich fuhr mit dem Zug jedes Wochenende fünfeinhalb Stunden, die ich mit langer Weile und Schlafen herumtrieb.

Am Mittwoch, den 27. Mai 2009, hatte ich um 9: 15 Uhr ein Einzel, wieder war eine Verhaltensanalyse auf dem Plan, aber auch Themen, die ich besprechen wollte, spielten eine Rolle.
Mein Thema war, wie es nach dem Aufenthalt weitergeht. Mir machte es Angst mich wieder in die Gesellschaft zu integrieren.
Ich hatte an dem gleichen Tag abends um 19:00 Uhr noch eine BP- Stunde mit meiner Bezugsperson, die mit mir in dieser Stunde den Notfallplan für die Einrichtung machte.

Donnerstag hatte ich wieder um 9:15 Uhr ein Einzel. Es ging um die Zukunft und die Neuaufnahme. Möchte ich noch einen Zyklus in der Klinik machen, oder nicht?!

Ich entschied mich für einen neuen Zyklus und wurde auf die Warteliste gesetzt. Weiterhin ging es um die Suizidalität und meine Traurigkeit. Das Gefühl mich umzubringen wurde ich nicht los. Frau Danker wollte mich auf die Notaufnahmestation zur Krisenintervention schicken, aber mit stündlichen Abfragen, sicherte ich zu, mich nicht umzubringen.

Am nächsten Abend war ich noch einmal bei Frau Danker, die mich tröstete und meine Suizidalität abfragte.
Da meine Suizidgedanken so groß waren, wurde ich wieder stündlich von den Erziehern auf Station abgefragt.
Am 03. Juni hatte ich mein vorletztes Einzel, und wir haben Fertigkeiten für verschiedene Gefühle angesehen. Zum Beispiel, setze ich, wenn ich traurig bin, Ironie ein, um meine Gefühle auszutricksen.

Die Sehnsucht nach einem richtigen zu Hause, trieb mich in den Wahnsinn. Nachdem sie mit mir über die Suizidalität sprach. Im Nachhinein war es von ihr überhaupt nicht gut immer wieder über Suizidalität zu sprechen, da sich der Gedanke sich noch mehr in meinem Kopf versteifte.
Freitagabend holte ich mein Handy. Ich wollte zu Mama und Papa. Ich rief meiner Schwester und meiner ehemaligen Betreuerin aus der Wohngruppe an, und fragte sie nach ihrer Meinung.
Jetzt war endlich jemand da, der mich versteht. Ich habe meine Eltern so vermisst, dass ich sie noch einmal sehen wollte.

Ich fand es schade, dass Frau Danker mich nicht verstand. Aber wie soll sie mich auch verstehen, wenn sie nicht in meinen Kopf hineinsehen kann. Meine Betreuerin sagte, dass das keine gute Idee wäre, aber sie konnte meine Sehnsucht nachvollziehen und ich fuhr am Samstag zu meinen Eltern und habe mit meiner Einrichtung abgesprochen, dass die mich um 18:30 Uhr am Bahnhof abholen.
Die wussten aber nichts von meinem Vorhaben und willigten ein.
In meinem Heimatort angekommen, bin ich zuerst zu meiner Tante gefahren, bei der ich meine Sachen abstellte.
Ich sagte ihr nur, dass ich spazieren gehen wollte. Ich ging dann auch los. Zuerst ging ich den Weg ab, den ich gefahren bin, als ich abgehauen bin. Danach ging ich auf der gegenüberliegenden Straße zu meinem früheren zu Hause ab.
Als ich dort lang ging, kam meine Mutter sofort aus dem Haus und beschimpfte mich wieder als Miststück und Schlampe. Auf einmal kam sie auf mich zugelaufen und hatte irgendetwas in der Hand.
Ich lief so schnell, wie ich nur konnte. Was habe ich da gemacht?!
Ich musste über ihre Aussage nachdenken. Bin ich wirklich eine Schlampe? Bin ich es, die Schuld ist? Meine Betreuerin Frau Kora holte mich bei meiner Tante ab und fuhr in die Wohngruppe, wo wir uns dann unterhielten.
Sie ist mit mir dann auch noch für sich einkaufen gefahren.

Um 17:07 Uhr fuhr mein Zug Richtung Einrichtung. Dort hatte ich dann genug Zeit über den Tag nachzudenken.
Die Betreuer aus der Einrichtung dachten alle, dass ich bei meiner Tante war und mir einen schönen Tag gemacht habe. Abends habe ich mich wie immer selbst verletzt. Der Druck wurde zu groß. Ich war aber auch selber Schuld. Warum machte ich denn das auch?

Es war Mitte März, als Klotzkopf mit dir auf dem Dachboden gegangen ist, und das „übliche" dort verrichtet hat. Es war das Zimmer neben deiner Schwester, in dem er mit dir gegangen ist.
Das Zimmer war mit Kartons und seinem Handwerkermaterial voll gestopft, aber rechts in der Ecke fand er einen Platz, an dem er dich auszog, und seinen Penis wieder in deine Scheide steckte. Auch hier bekam er einen Samenerguss. Du hattest große Angst vor ihm, und der Nebel brachte dir nicht mehr so viel, wie früher.
Du hast alles verstanden, was er dort mit dir machte. Wie immer hatte er auch irgendwann von dir abgelassen, und dich alleine zurückgelassen. Als "Tarnung" nahm er immer etwas von dem Dachboden mit nach unten, und du durftest erst nach zwei Stunden duschen gehen.

Ich hatte das Gefühl, dass er immer brutaler wurde. Er hielt jedes Mal meinen Mund zu und schlug mich, wenn ich nicht das gemacht habe, was er wollte.
Übersät mit blauen Flecken, merkte es trotzdem keiner.

Am Dienstag hätte ich eigentlich noch ein Einzel bei Frau Danker gehabt, aber sie war leider krank, sodass ich gar keins mehr hatte.
Dann war es so weit. Es war Mittwoch, der 10. Juni 2009, mein Entlassungsdatum.
Ich hatte um 10: 30 Uhr das Entlassungsgespräch, und eigentlich doch froh gewesen, draußen zu sein. Meine Betreuerin konnte mich am 11. Juni nicht abholen, deswegen wurde ich einen Tag früher entlassen.
Wir kamen um ungefähr 14:00 Uhr in der Einrichtung an und meine Betreuerin hatte nicht einmal Zeit für mich.
An diesem Tag hatten zwei Betreuer Dienst, die ich nicht mochte. Auch der Betreuer, der bei mir die Flashbacks auslöste, hatte Dienst.

Kapitel 4

Die Zeit nach dem ersten Aufenthalt

Sicherheit sieht anders aus

Als ich in der Einrichtung ankam, bat ich die
Betreuer, bei der Therapeutin anzurufen und ihr zu
sagen, dass ich gut angekommen bin.
Nachdem ich meine Sachen ausgepackte, räumte
ich auf. Ich fand meine Medikamente in meinem
Nachttisch. Ich nahm ca. 70 Tabletten mit dem
Wirkstoff: Desloratadin und 20 starke
Schmerztabletten ein.
Um ungefähr 16: 00 Uhr wurde ich sehr müde und
kraftlos.
Es war zum Glück kein Betreuer in meiner Nähe
und ich krabbelte in mein Zimmer und legte mich

hin. Dann schlief ich vier Stunden und wachte um 20:00 Uhr wieder auf.
Kein Betreuer merkte bis dahin etwas von meiner Tat. Am nächsten Tag war meine Bezugsbetreuerin schon um 8: 00 Uhr da. Ich war auch schon sehr früh auf den Beinen.
Mir ging es immer noch nicht besser.
Ich war sehr müde.
Die Diensthabende Betreuerin schickte mich nach dem Aufstehen in das Büro und ich dachte, dass es jemand merkte, aber zum Glück wurde ich nur gefragt, wie das mit der Schule ist und wie ich geschlafen hätte.
Da ich noch sehr müde war, sagte ich, dass ich kaum geschlafen habe.
Frau Tobias nahm es mir ab. Um 12: 00 Uhr wurde ich mit in das Team- Gespräch geholt, um meine Fertigkeiten vorzustellen.
Im Team hatte ich auch große Schwierigkeiten mich auf den Beinen zu halten und wankte anfangs ein wenig hin und her. Mir ging es von Zeit zu Zeit deutlich schlechter.
Nach dem Mittagessen ging ich in das Dienstzimmer, und sagte denen, dass ich Tabletten genommen habe.
Die Betreuer wussten nicht, was die machen sollten und fragten mich: „und nun?"
Meine Betreuer riefen nach drei Stunden in der Klinik an und fragten die Erzieher, was die machen sollen.
Um ca. 15: 40 Uhr telefonierte ich mit meiner Bezugsperson aus der Klinik, der ich zusichern musste, dass ich jetzt nichts mehr mache.
Dies tat ich auch. Nach zwanzig Minuten rief

meine Therapeutin mich zurück und sagte nur, dass ich weiß, was die Konsequenz ist.
Ich wusste, dass es in die Fachklinik geht, aber das wollte ich auf gar keinen Fall. Ich sollte einem Betreuer das Telefon geben.
Ich ging dann heulenderweise zu einem Betreuer und gab ihm das Telefon. Auf einmal kamen zwei Betreuerinnen in mein Zimmer und fingen an, meine Sachen zu packen. Das wollte ich nicht.
Ich mag es nicht, wenn andere Leute in meinen Sachen herumwühlen. Ich bat die Betreuerinnen mich alleine zu lassen Sie gingen auch für zwei Minuten aus meinem Zimmer, kamen dann aber wieder, und packten meine Sachen weiter.
Eine Betreuerin fuhr dann mit mir zur Fachklinik. Dort sprach eine Ärztin mit uns. Sie fragte, welche Tabletten ich, in welcher Dosis eingenommen habe. Daraufhin hat sie in ihren Büchern nachgeschaut, aber nichts gefunden.
Schließlich rief sie in der Giftzentrale an. Sie schickte uns während des Telefonates vor die Tür. Die Betreuerin musste mich stützen. Ich konnte kaum noch laufen. Nach dem Telefonat kam sie zu uns. Wir sollten sofort ins Krankenhaus, da die Gefahr bestehe, dass sich Muskeln anfangen langsam aufzulösen. Weiterhin könne die Leber jederzeit kollabieren.
Das Krankenhaus sei auch schon informiert.
Als wir dort ankamen wurde mir sofort Blut abgenommen. Ganz viele Fragen stellte man mir. Schließlich wurde ich auch noch untersucht und an einem Monitor angeschlossen.
In der Nacht fing der Monitor auch ein paar Mal an zu piepen.

Am nächsten morgen um acht Uhr musste ich zur Elektrokardiographie.

An diesem Tag bekam ich auch Besuch von meiner Bezugsbetreuerin, die mir dann erst einmal sagte, dass Suizidversuche egoistisch sind, aber sie ist nicht auf die Idee gekommen, dass ich darüber gar nicht nachdachte, sondern einfach nur machte. Mir schien ja irgendetwas zu fehlen, sonst hätte ich es nicht gemacht.
Die Betreuer hätten in diesem Moment zehnmal in mein Zimmer kommen können und ich hätte es nicht gemerkt.
Frau Tobias stellte mir die Wahl in der Einrichtung zu bleiben, oder wieder die Einrichtung zu wechseln, da die überfordert sind.
Ich habe lange darüber nachgedacht und schließlich eine Therapeutin nach Rat gefragt
Das Resultat: ich solle abwarten und mit Frau Tobias weiter planen. Trotzdem dachte ich viel über die Situation nach und die Aussage meiner Betreuerin, dass ich egoistisch wäre, veranlasste mich eigentlich nur, dass ich selbst irgendwann sagte, dass ich so schnell wie möglich die Einrichtung wechseln möchte.
Die nächsten Nächte in der Klinik waren sehr lang. Ich war die ganze Zeit über an dem Monitor angeschlossen. Ich hatte ja auch selber Schuld.
Am Montag, den 15. Juni wurde ich dann endlich aus dem Krankenhaus entlassen.
Am gleichen Tag, haben Frau Tobais und Herr Wolf (der Betreuer, der mich an meinen Vater erinnert), mich um ein Gespräch gebeten.
Die beiden Betreuer sagten, dass es so nicht

weitergehen kann und, dass die die Verantwortung für mich nicht übernehmen können.
Ich stimmte denen zu, und wir kümmerten uns um eine andere Einrichtung, die sich mit DBT auskennt.

Am Mittwoch schrieb ich gleich die Deutsch-Klausur mit, die ich auch sehr gut meisterte. Ich schrieb eine 2, worüber ich mich sehr freute.
Am gleichen Tag, erzählte Herr Wolf mir, dass er mitkommen würde zum Nachgespräch in die Fachklinik.
Gleichzeitig hörte ich auch noch, dass mein eigentlich angesetztes Hilfeplangespräch für den morgigen Tag ausfallen wird.
Den Tag darauf verletzte ich mich wieder selbst, da ich den Druck des anstehenden Tages nicht aushalten konnte. Mir liefen so viele Filme durch den Kopf.

Am Freitag hatte ich das Nachgespräch.
Die beiden Betreuer sind mit mir dorthin gefahren.

Dein Vater war mit dir auf dem Weg in die Kinderklinik zur Kontrolle der Zöliakie. Im Auto fing Klotzkopf an, dich wieder anzufassen.
Er fasste dich in deinem Intimbereich und an deinen Brüsten an, und befriedigte sich dabei selbst. Eine halbe Stunde später kamen wir in der Klinik an.
In der Klinik habe ich dich verlassen. Du hattest jetzt Ärzte um dich, die dir nur helfen wollen. Auch hier hast du dir nichts anmerken lassen.
Als ihr wieder zum Auto gegangen seid, und euch

*hineingesetzt habt, guckte er dich an und fuhr los.
Zu Hause angekommen, und in der Garage geparkt
setzte er sich auf dich.
Ich nebelte dich ein. Es kam zum
Geschlechtsverkehr mit deinem Vater in einer
dunklen Garage. Du kamst wieder zu dir, als er die
Beifahrertür öffnete und mit dir in die Wohnung
ging.*

Es war schrecklich mit dem Betreuer zusammen in einem Auto zu fahren.
Bei der Klinik angekommen, ging ich als erste aus dem Auto.
Ich ging schon einmal in die Klinik und setzte mich dort in den Warteraum auf einen Stuhl. Meine Betreuer rauchten draußen noch eine Zigarette und meldeten uns im Sekretariat an.
Frau Danker kam nach zehn Minuten und holte uns vorne ab. Danach ging sie mit uns in ihr Büro. Hauptthema war die Einrichtungssuche und die Frage, wie ich die Zeit überbrücken kann, bis ich in eine neue Einrichtung komme.
Als meine Therapeutin uns vorne abholte war sie nach meinem Empfinden sauer, oder im Nachhinein auch enttäuscht über meinen Suizidversuch nach der Entlassung am 10. Juni 2009. Nach dem Gespräch wollte sie noch einmal mit mir allein darüber sprechen. Sie wollte wissen, was mit mir los sei.
Ich sagte heulend, dass ich es in der Einrichtung nicht mehr aushalte und, dass die Flashbacks immer stärker auftreten, sodass ich sie nicht mehr unter Kontrolle habe.
Meine Therapeutin gab den Betreuern noch

Informationen über Dialektisch- Behavioraler-Therapie mit.
Während des Gespräches habe ich noch einmal deutlich gemacht, wie schlecht es mir in Einrichtung geht, und, dass ich bei manchen Dingen einfach Unterstützung brauche. Aber die Unterstützung können die mir in der Einrichtung nicht geben, da dort auch viele kleine Kinder wohnen, die sehr viel Aufmerksamkeit brauchen.
Frau Danker versuchte mich zu beruhigen und sagte, dass ich ja bald die Einrichtung wechseln werde, aber ich sah es noch in den Sternen und war mir sicher, dass das noch länger dauern wird.
Sie gab mir noch Tipps, wie ich den Alltag bewältigen kann. Ich sollte mir Ziele setzen. Dies versuchte ich auch, aber dadurch, dass Herr Wolf immer Dienst hatte, brachte es nichts. Die Stimmen und die Bilder meines Vaters brachten mich immer mehr in die Dissoziation.
Ich hatte mich selbst nicht mehr unter Kontrolle.
Die Woche darauf war schrecklich, und ich habe mich wieder so gut wie jeden Tag selbst verletzt.
Am Donnerstag, den 25. Juni, hatte ich bei irgend so einer Psychologin oder Heilpädagogin ein Gespräch gehabt. Die war irre.
Sie wollte mir irgendwelche Atemübungen zeigen, dazu sollte ich mich auf eine Patientenliege legen, die auch in normalen Arztpraxen stehen.
Des Weiteren wollte sie auch noch ihre Hand auf meinen Bauch legen und meinen Atem abtasten.
Ich verneinte ihre Übungen.
Ebenso sagte ich, dass ich mich nirgends hinlegen werde, dass ich immer einen Fluchtort brauche, und, dass mich vor allem keiner anfasst!!!

Sie konnte nicht mit mir arbeiten und ich verließ ihr Haus und ging zum Auto, in dem der Zivi auf mich wartete.

Während des Abendessens bekam ein Mitbewohner seine perverse Artikulation nicht in den Griff, obwohl er schon achtzehn Jahre alt ist. Ich fragte den Erzieher, ob ich aufstehen könnte, der jedoch verneinte. Ich ging dann trotzdem einfach vom Tisch. Ich versuchte meine Anspannung zu regulieren und verletzte mich selbst.
Das klappte erst einmal auch, aber dann überkam mich das schlechte Gewissen, und ich schrieb meiner Therapeutin aus der Klinik eine SMS, ob sie mich anrufen könnte.
Dreißig Sekunden später rief sie mich an, und fragte, was sie jetzt machen kann. Ich bat sie darum in der Einrichtung anzurufen und Bescheid zu sagen.
In der Einrichtung ging nur der Anrufbeantworter heran?!
Sie fragte mich, wie sie jemanden erreichen könnte. Ich sagte ihr, dass sie versuchen kann meine Bezugsbetreuerin anzurufen, da die bestimmt einige Tricks kennt. Dies machte sie auch, und rief daraufhin noch einmal bei mir an, und bat mich die Schnittverletzungen zu säubern, da die im Krankenhaus meist brutal sind.
Ich nahm ihre Tipps dankbar an und machte das, was sie mir sagte. Im Krankenhaus kamen wir auch sofort dran, und die Konsequenz war, dass die Schnittwunden genäht werden mussten.
Um 22: 30 Uhr nahm ich mein

Bedarfsmedikament, damit ich besser schlafen konnte.
Von Freitag auf Samstag übernachtete ich bei einer Freundin, die auch in einer Einrichtung lebt. Das waren zwei schöne Tage, die ich bei ihr verbringen konnte, und somit auch einmal Ruhe vor den kleinen Kindern hatte.
Sonntagabend verletzte ich mich erneut. Wieder musste ich in das Krankenhaus und genäht werden. Das Problemverhalten begann um ca. 22: 30 Uhr. Herr Wolf hatte Bereitschaft und sollte eigentlich kommen, hatte aber keine Lust und sagte, dass die Betreuerin einen Rettungswagen rufen soll.
Das wollte die diensthabende Betreuerin nicht. Sie rief Frau Tobias an. Sie kam dann auch sofort mit dem Auto.
Um 00: 45 Uhr kamen wir in der Einrichtung erst an, und ich nahm wieder mein Bedarfsmedikament und blieb an dem nächsten Tag auch zu Hause.
Diese Woche habe ich mich immer noch sehr oft verletzt, aber nicht gemeldet, da ich nicht in das Krankenhaus wollte. Ich habe mich selbst wieder genäht.
Das Erbrechen kam zusätzlich wieder zum SVV. Ich fing wieder an fast nichts mehr zu essen, und wenn ich etwas aß, erbrach ich es sofort wider.

Am 02 Juli 2009 hatte ich das Hilfeplan- Gespräch mit dem Jugendamt und meinem Vormund.
Dort wurden nur die Ziele formuliert: bei einer Selbstverletzung soll ich mich innerhalb von 24 Stunden entweder bei Frau Tobias melden, oder bei Frau Danker, damit die Wunden versorgt werden.
Wenn suizidale Ideen auftauchen, soll ich mich

schnellstmöglich bei einem diensthabenden Betreuer melden, oder bei meiner Therapeutin anrufen, die daraufhin in der Einrichtung Bescheid gibt.
Ebenso haben wir uns gemeinsam darauf geeinigt, dass wir nach einer geeigneten Einrichtung gucken. Ich schaute mir drei Einrichtungen an, zwei davon hatten Ansätze von DBT, die andere kannte sich gar nicht damit aus. Ich entschied mich für die Einrichtung, in der auch eine Freundin wohnt, die ich in der Klinik kennen gelernt habe.
Am achten Juli musste ich wieder einmal in das Krankenhaus gefahren werden. Wieder musste ich genäht werden. Die schlaflosen Nächte, das Erbrechen nach jeder Mahlzeit und die Flashbacks, brachten mich in die Verzweiflung.
Am Freitag, den zehnten Juli, rief ich bei Frau Danker an und schilderte ihr meine Situation. Ich sagte ihr, dass ich mich gar nicht mehr unter Kontrolle habe.
Sie sagte mir jedoch nur wie immer, wenn ich mit ihr telefoniere, dass ich in die Fachklinik muss, wenn es mir so schlecht geht.
Es tat mir aber sehr gut mal wieder mit ihr zu reden. Danach ging es mir ein wenig besser. Das Wochenende über versuchte ich mich immer irgendwie abzulenken.
Ich telefonierte viel mit meinen Freundinnen und mit meiner Tante. Am Sonntag malte ich ein Bild auf Leinwand. Malen beruhigt und entspannt mich sehr.
Am Dienstag, den 14. Juli hatte ich einen Vorstellungstermin in einer Einrichtung, die mir aber nicht gefiel, da das Dienstzimmer im Keller

lag.
Auf dem Weg nach Hause, sagte ich meiner Betreuerin, dass ich immer noch Medikamente einnehme und ihr die abgeben muss. Ich sollte sie ihr in der Einrichtung abgeben.
Den Tag darauf sagte Frau Tobias, dass sie mit Frau Danker telefonierte und dringend mit mir sprechen möchte. Es ging darum, dass die Betreuer sehr überfordert mit meiner Situation sind und sich deshalb bei ihr Tipps geholt haben.
Meine Auflagen waren: nur einmal am Tag erbrechen, sofort Bescheid geben bei Suizidgedanken, SVV SOFORT zu melden, bei wen egal..., ebenso muss ich einmal am Tag eine warme Mahlzeit essen, und einmal in der Woche gewogen werden.
Ich sollte ihr die genannten Auflagen zusichern, da sonst die Einweisung in der Fachklinik schlussfolgerte und das wollte ich nicht, also willigte ich ein.
Aber eingehalten habe ich es im Endeffekt doch nicht.
Am Freitag bekamen wir Zeugnisse, und meins war gar nicht so schlecht, dafür, dass ich drei Monate in der Fachklinik war. Ich freute mich, dass ich in die 12. Klasse versetzt werden kann.
Einen Tag später feierte mein Großvater seinen 80. Geburtstag. Er lud viele Freunde ein, unter anderem auch meine Schwester und meine Tante (die Schwester meines Vaters), die mich schon längst abgeschrieben hat.
Alle umarmten mich, um mich zu begrüßen und zu verabschieden. Nur meine Schwester und meine Tante umarmten mich nicht, und begrüßten mich

nicht einmal.
Meine Tante ging auch nirgends hin, wo ich war.
Ich hatte das Gefühl, dass sie mich entweder nicht leiden mag, oder sehr viel Respekt vor mir hat.

Im April 2008 rief ich sie an, und suchte bei ihr Hilfe. Ich erzählte ihr, dass ich mich selbst verletze. Daraufhin sagte sie nur, dass ich nur Aufmerksamkeit haben will und dass sie mit ihrer Nachbarin gesprochen hätte, die das Gleiche gesagt haben soll.
Seitdem ich aus der Pflegefamilie heraus gekommen bin, hat meine Tante den Kontakt zu mir abgebrochen.
Ich habe das Gefühl, dass die es nicht wahrhaben wollen, dass ich in einer Einrichtung lebe und deshalb keinen Kontakt zu mir haben wollen.
Meine Großeltern haben auch noch nie in der Einrichtung angerufen, sondern nur auf meinem Handy. Sie haben auch noch nie mit einer Betreuerin von mir gesprochen.
Ab diesem Zeitpunkt hat sie den Kontakt zu mir abgebrochen, obwohl ich ihr immer noch dankbar bin, wegen der Sache mit dem Krankenhaus. Meine Tante und ihre Familie haben mir sehr geholfen. Mein Cousin hat mir sein Handy gegeben, damit ich immer mit denen in Kontakt bleiben kann. Meine Eltern sperrten mein Handy. Zu dieser Zeit, hatte ich zum Glück noch meine Tante, die immer für mich da war und auf meiner Seite stand.
Es ist leider ein bisschen schade, dass der Kontakt zu ihr abgebrochen ist.

Meine Schwester, hatte, denke ich, Angst davor

gehabt mit mir gesehen zu werden, was ich jetzt nicht mehr denke, da sie mich in ihre Wohnung eingeladen hat.
Ich habe zusätzlich mit den Erziehern einen Notfallplan entwickelt, falls meine Eltern doch da sind. Meine Schwester hat mich an Opa's Geburtstag zum Bahnhof gefahren und sich mit mir im Auto unterhalten.

Vor zwei Jahren, habe ich noch gedacht, dass ich sie nie wieder sehen würde, und habe oft geweint, da ich meine Schwester sehr geliebt habe. Trotz dessen, dass wir uns oft stritten.
Ich dachte, dass sie nicht kapiert, warum ich abgehauen bin.
Irgendwann traf ich meine Geschwister in der Stadt, als ich noch in der Pflegefamilie wohnte. Ich hatte das Gefühl, dass die mich ziemlich blöde angucken und ging einfach weiter.
Meine Eltern redeten meiner Schwester und meinem Bruder ein, dass ich nur Schlechtes über die erzähle. Am 25. November nahm sie das erste Mal wieder Kontakt zu mir auf.
Sie holte sich meine Nummer von meinem Großvater und mich kontaktiert.
Gleichzeitig bat ich sie, meine Nummer zu verstecken und, hat meine Nummer unter einen anderen Namen gespeichert, sodass meine Eltern wohl nicht herausbekommen konnten, wie meine Nummer lautet.
Heilig Abend war sie sehr enttäuscht und schrieb mir, dass unsere Eltern wie immer keine Idee hatten, und ihr Geld geschenkt haben.
In diesem Moment war sie sehr enttäuscht und ich

versuchte sie ein wenig zu trösten. Am 27.
Dezember bekam ich ein Paket zugesendet, in dem sie mir kleine Geschenke hineingelegt hat.
Ich habe mich sehr über die Geschenke gefreut und es war seit langem wieder ein Zeichen von ihr.
Ende des Jahres schickte ich ihr ein Paket, in dem ich ein Buch, Süßigkeiten und eine Postkarte mit einem Brief hineinlegte. Sie sollte sich auch ein wenig freuen, nachdem sie über das Weihnachtsgeschenk unserer Eltern so traurig war.
Sie freute sich ebenfalls über mein Geschenk, welches ich zu unseren Großeltern schickte, da sie keinen Kontakt zu mir haben durfte.

Der Geburtstag meines Großvaters war im Allgemeinen schön, aber ich hatte das Gefühl dort nicht richtig angenommen zu werden.

Die nächsten Wochen habe ich mich im Internet nach einem Notebook umgesehen, da es mich gestört hat, immer am PC zu schreiben, zumal ich auch überall schreiben wollte.
Ein Erzieher hat sich mit mir zusammen darum gekümmert.
Am 31. Juli kam eine Freundin aus der Klinik zu mir. Sie verbrachte zwei Tage in meiner Einrichtung. Wir hatten viel Spaß zusammen.
Eine Schulfreundin rief mich am Freitag an und fragte mich, ob ich mir ihr und ihrer Schwester in das Kino gehen möchte.
Wir wollten „Hangover" gucken. Der Montag war kein guter Tag für mich und ich konnte mich nur schwer darauf einlassen, in das Kino zu gehen.
Ich wollte eigentlich lieber zu Hause bleiben, aber

das Gelernte aus der Klinik schwirrt mir immer im Kopf herum „ Entgegengesetzt Handeln".
Manchmal wäge ich ab, ob es in diesem Moment das Richtige wäre, und mache es dann einfach, es kann ja nie falsch sein, irgendetwas auszuprobieren.
Am Dienstag war ich shoppen. Das musste einfach mal sein.
Im laufe des Tages kam mir der Gedanke zum Frisör zu gehen. Neue Haare, neues Leben.
Ein neuer Abschnitt.
Die Tage darauf habe ich nur an meinem Buch geschrieben. In einer Woche schrieb ich 46 Seiten.
Die Einladung, die ich meine Schwester mir machte, sagte sie ab.
Ich vermisse es jemanden um mich zu haben.
Einer, der sich um mich sorgt und für mich da ist.

Nichts ist mehr so, wie es einmal war,
seitdem es mit mir geschah.
Körper und Seele zerstört
Keiner hat mich je gehört.
viel zu lang er mich nieder machte,
konnte es nicht mehr verkraften.
Mein ICH fand einen Weg,
auch, wenn es ist nur ein schmaler Steg.
ICH entfloh dem geschundenen Körper,
er tat es weiter der Mörder.
Getötet lag ich da,
sah zu, wie es mit mir geschah…

Frau Tobias machte mit mir einen „Vertrag". Ich musste einmal in der Woche auf die Waage. Ich hasse es auf die Waage zu gehen. Der Reiz wird jedes Mal größer das Gegessene zu erbrechen. Die Waage, mein größter Feind.

Eine Psychologin habe ich nach meinem Aufenthalt in der Fachklinik nicht haben wollen.

Eine geeignete Einrichtung fanden wir auch drei Monate später nicht. Es hatte zumindest keine Einrichtung einen Platz frei.
Viele Einrichtungen sagten mir nicht zu.
Die Tage in der jetzigen Einrichtung wurden für mich immer schwerer. Der Erzieher triggerte mich zunehmend an.
Ich hatte keine Bewältigungsstrategien über die Flashbacks vorbeizukommen. Am Samstag, den 12. 09.2009, wurde ich in eine Fachklinik gefahren zur Krisenintervention.
Der Grund für die Einweisung war, dass ich meine Flashbacks überhaupt nicht mehr unter Kontrolle hatte und starke Panikattacken bekam, sodass ich mein Zimmer auseinander nahm und meine CD-Hüllen und Porzellanteller auf den Boden schmiss. Mir erschien es so real, obwohl es nicht mehr passierte. Ich hatte das Gefühl, Papa steht überall in meinem Zimmer. Die Nächte davor schlief ich auf dem Fußboden. Ich konnte es nicht ertragen im Bett zu übernachten.
Nach der Panikattacke rannte ich nach draußen. Ich setzte mich auf die Mauer vorm Haus, die ziemlich versteckt gelegen ist. Eine Mitbewohnerin kam mir nach.
Ich zitterte am ganzen Körper und konnte mich kaum beruhigen. Ich brach zusammen.
Eine Mitbewohnerin kam hinterher und schüttelte

mich ganz doll. Ich kam zu mir.
Sie erzählte, dass Herr Wolf meine Akte aufgeschlagen hat und telefoniert. Zehn Minuten später kam auch er.
Immer noch zitterte ich und fror bei 29° C.
Er teilte mir mit, dass ich meine Sachen packen soll. Ich realisierte gar nicht. Dann schrie er mich an. Ich erschrak, brach zusammen und dissoziierte. Ich war bewusstlos.
Meine Mitbewohnerin schüttelte mich wach. Sie schrie mich an und weinte ganz doll. Sie wiederholte weinend, dass er (Herr Wolf) etwas tun solle.
Ich wachte irgendwann wieder auf und wollte telefonieren. Nur die Mitbewohnerin saß neben mir. Immer noch zitterte ich. Frau Toja rief ich weinend an. Die Mitbewohnerin weinte auch noch. Frau Toja wollte wissen was los sei und einen Erzieher sprechen. Ich legte auf. Weinend schleppte ich mich mit der Mitbewohnerin in mein Zimmer. Die Tasche musste gepackt werden.
Um 17: 20 Uhr fuhr Herr Wolf mit mir in die Fachklinik. Unglaublich erschöpft saß ich im Auto, schon fast am Schlafen.

Um ca. 18:00 Uhr kamen wir in der Fachklinik an. Dort hatte ich ein Gespräch mit einer Ärztin
Ich mochte sie nicht. Sie war mir unsympathisch. Als der Betreuer ging, machte die Ärztin mit mir eine Neurologische Untersuchung. Am gleichen Abend blieb ich nur auf meinem Zimmer, las und schlief den ganzen Tag.
An den nächsten Tagen kam ich auch nicht aus meinem Zimmer. Ich wartete ab, was passiert. Das

Essen verweigerte ich auch vier Tage lang.
Innerhalb der vier Tage nahm ich wieder 7 Kilo ab.
Ich wog nur noch 43 Kilogramm bei einer Größe von 1. 64 m.
Am Montag, den 14. 09. 2009, hat eine Erzieherin/ Krankenschwester, bei mir Blut abgenommen, wegen der Essensverweigerung. Auch Urin sollte ich abgeben, aber da kam ich erst einmal drum herum. Ich weigerte mich eine solche Probe abzugeben.
Die Erzieherin war sehr nett und redete mit mir. Sie war beeindruckt, woher ich die ganzen Begriffe kannte.
Nach dem Gespräch kam ich öfter raus und schaute mit den anderen fern.
Obwohl ich nichts gegessen oder getrunken hatte, musste ich erbrechen. Ich brauchte nicht einmal einen Brechreiz. Es funktionierte alles von alleine.
Am Montag hatte ich auch ein Gespräch mit dem Oberarzt, Herr Hand. Auch er war mir unsympathisch, und ein wenig angsterregend.
Er sagte mir, dass ich, wenn ich keine suizidalen Ideen habe, gehen kann. Ich war schließlich auch nur zur Krisenintervention da.
Ebenso äußerte er, dass in der Klinik nicht auf das Essverhalten geachtet wird, da das nicht an erster Stelle steht.
Nachmittags kam die für mich, zuständige Therapeutin, Frau Menge noch einmal zu mir, und unterhielt sich mit mir.
Ich fragte sie gleichzeitig, ob ich auch vor Donnerstag entlassen werden kann, da ich einen Termin mit einer Einrichtung habe. Sie sagte mir, dass das zu schaffen sei.

Ich war glücklich über diese Nachricht und hoffte nur noch, dass ich in die Einrichtung kann. Auch wenn es mir nicht besser ging. Ich fühlte mich eingesperrt.
Nach und nach traute ich mich aus meinem Zimmer und guckte mit den anderen fern. Eine Erzieherin überredete mich ebenfalls mit zum Essen zu kommen und mich wenigstens dazuzusetzen.
Auch diese Hilfe nahm ich dankbar an.
Am Mittwochvormittag hatte ich wieder ein Gespräch mit der Therapeutin, die mich nach meinem seelischen Empfinden fragte.
Ich sagte ihr, dass es so ist, wie immer: Flashbacks, SuizidGEDANKEN, …, aber ich habe ihr gesagt, dass ich mir das in der Einrichtung zutrauen würde und gerne wieder zurück wollte.
Zuerst fragte sie mich, was es heißt, dass es mir immer so „schlecht" geht. Ich sagte ihr, dass ich meine Flashbacks nicht unter Kontrolle habe und es mir deswegen sehr schlecht geht.
Dann entschied sie, dass ich heute Nachmittag entlassen werden kann.
Ich kam nun endlich wieder in die Freiheit.

Auf dem Weg in die Einrichtung redete meine Bezugsbetreuerin mit mir. Es wurden neue Gesetze(Regeln, die eher Gesetzen gleichen) aufgestellt, die ich wissen sollte, beziehungsweise musste.
Aber die Gesetze interessierten mich nicht.
Sie wollte mit mir einen Deal machen, dass ich wieder eine Mahlzeit am Tag esse, aber ich hatte seit zwei Wochen nichts mehr gegessen und konnte jetzt nicht auf einmal anfangen Mittag zu essen.

Das ist zu viel für meinen Magen. In der Einrichtung angekommen, räumte ich mein Zimmer auf und beseitigte die ganzen Scherben, die noch auf den Fußboden lagen.
Als ich alles beseitigte, rief ich Frau Denker an, um ihr zu sagen, dass ich wieder in der Einrichtung bin.
Sie sagte mir, dass ich am 14. Oktober in die Klinik kommen kann. Ich stimmte dem zu.
Nachdem ich das Telefon meiner Bezugsbetreuerin gab, setzte ich mich vor meine Terrasse und weinte. Ich war unglaublich instabil. Jede Kleinigkeit brachte mich sofort aus der Fassung.
Meine Bezugsbetreuerin fauchte mich an. Ich solle zum Essen kommen. Ich verweigerte und ging einfach nicht dorthin.
Mit den Sätzen meinerseits, dass ich gar keinen Grund zu heulen habe und ich mich selbst wieder runter bringen muss, hörte ich auf. Immerhin muss ich ja lernen alleine mit mir klarzukommen.
Nach einer Stunde kam meine Bezugsbetreuerin zu mir und wollte mit mir reden. I
Ich versuchte jedoch zu verneinen. Denn ich sah den Sinn des Gespräches nicht.

Die ersten Tage in der Einrichtung gestalteten sich sehr schwierig. Ich hatte große Probleme zu Essen und das dementsprechend auch bei mir zu behalten. Ich bat meine Bezugsbetreuerin vom gemeinsamen Essen freigestellt zu werden und alleine zu essen, wenn mir keiner zusieht.
Mit dem Kompromiss, nach dem Essen wenigstens ein Stück Banane zu essen, gab ich mich nicht zufrieden. Ich konterte mit einem Stück Apfel,

denn Bananen speichern Fett. Aber auch dies behielt ich nicht bei mir.
Ich erbrach schon Magensäure und Blut. Ich bekam es nicht alleine geregelt.
Ohne Hilfe musste ich alleine versuchen durch meine Essproblematik zu kommen.
An dem Donnerstag, an dem ich den Termin mit der Einrichtung hatte, kam Frau Tobias zu mir und sagte mir, dass ich in die Einrichtung ziehen muss, die als nächste zusagt.
Ich hatte immer mehr das Gefühl, dass die mich nur abschieben wollen, aber ich war sehr glücklich darüber, dass ich endlich woanders hinkomme.
Am 22. 09. 2009, hatte ich ein Gespräch in der Einrichtung, in die ich ziehen würde, aber, dass ich dort einziehen kann, wusste ich bis zu dem Zeitpunkt noch nicht.
Das Gespräch ist sehr gut verlaufen und ich war nach dem Gespräch überglücklich, dass ich dort nun endlich einziehen kann.
Am nächsten Tag, habe ich mich abends noch selbst verletzt und musste wie immer zum nähen gefahren werden.
Die Flashbacks sind so unaufhaltsam…, dass ich nichts mehr dagegen machen konnte. Am Tag habe ich mich mit allen Mitteln versucht abzulenken. Aber auch das brachte meine Anspannung nicht hinunter.

Trotz meiner schwierigen Situation ging ich noch zur Schule, und versuchte dort alles so gut wie nur möglich zu meistern.

Kapitel 5

Der zweite Aufenthalt in der Psychiatrie

Wird alles wieder gut? - Tabletten als optimale Lösung?

Am 22. Oktober wurde ich in der Klinik um 14:30 Uhr aufgenommen. Ich hatte dieselbe Therapeutin. Ich wollte zuerst gar nicht in die Klinik, da ich mich in der neuen Einrichtung sehr wohl fühlte. An den nächsten Tagen hatten wir Beurlaubungen. An meiner ersten Beurlaubung nahm ich auch schon Tabletten ein. Ich hatte auf den Weg nach Hause eine Fressattacke und musste es zu Hause erst einmal wieder hinaus befördern, und nahm danach etliche Abführkapseln ein. In der Klinik angekommen, gestand ich, Abführmittel eingenommen zu haben, und bekam eine Woche begrenzten Ausgang und durfte die kommende

Woche nicht nach Hause. Ich war ziemlich wütend auf meine Therapeutin, da sie wusste, dass ich noch nicht so lange in der Einrichtung wohne, und ich es brauchte, „nach Hause" zu fahren.
Nach dieser Woche sackte ich total ab.
Ich glaube mir fehlte es nach Hause zu fahren.

Es war der normale Klinikalltag
Der 9. November stand wieder vor der Tür und ich hatte große Angst davor. An diesem Tag erlebe ich Flashbacks verstärkt. Ich hatte das Gefühl, bei meiner Therapeutin nicht ernst genommen zu werden.
Die Einzel waren anders, als ich sie kannte. Ich hatte Schwierigkeiten ihr zu vertrauen. Die Zeit ging relativ schnell vorbei.

Heute ist der 21. November und ich habe mich entschieden in der Klinik zu bleiben. Die letzte Woche verlief nicht gut und ich bin immer noch sehr suizidal.
Meine Therapeutin hat mir die Entscheidung überlassen, in der Klinik zu bleiben, oder nach Hause zu fahren. Da ich meine Therapie nicht abbrechen möchte, nur weil ich wieder Medikamente eingenommen habe, habe ich mich entschlossen hier zu bleiben.
Für die kommende Woche habe ich auch kein Geld, um mir neue Medikamente zu kaufen.

Am Montag hatte ich mit meiner Therapeutin und meiner Einrichtung ein Gespräch.
Ich muss jetzt mit meiner Einrichtung und den Erziehern hier Absprachen mit dem Essen machen,

die ich zu Hause, am Wochenende, einhalten muss.
Am Mittwoch, hatte ich ein Einzel- Gespräch mit
meiner Therapeutin, das alles andere als gut war.

Wir haben zuerst nur besprochen, dass sie nicht
mehr mit mir übers Essen sprechen möchte, da sie
das Gefühl hat, dass das dann noch schlimmer
wird.
Danach haben wir uns über die Gefühle
unterhalten, die mich am meisten beschäftigen.
Mit denen ich Schwierigkeiten habe, oder sie
einfach verdränge.

Mitten im Gespräch habe ich sie gefragt, `was das
eigentlich für einen Sinn hat, weiterzuleben, wenn
ich mein ganzes Leben lang, noch nicht gelebt
habe. Wieder kam die Frage auf: „Wofür lebe ich
noch?"
Sie sagte, dass es einen Grund geben muss, warum
ich noch lebe.
Aber eigentlich weiß ich das schon, da ich Frau
Danker sehr gern habe und sie nicht enttäuschen
möchte. Weiterhin gibt es viele Menschen, die ich
enttäuschen würde.
Meine Flashbacks erlebe ich täglich über 20-mal,
teilweise unerträglich und kaum auszuhalten.

*Es war ein Tag, wie jeder andere auch, der
Unterschied zu den anderen Tagen, war nur, dass
du Konfirmandenunterricht hattest, und somit
wieder an der Treppe im Treppenhaus abgefangen
wurdest.
Dein Vater ging mit dir wie immer in den Keller,*

du hattest Angst und ich versuchte dich zu schützen.
Er ging mit dir in die Waschküche, in der zwei Waschmaschinen und zwei Wäschetrockner standen. Rechts in der Ecke stand das Waschmittel, ein Feudel und ein Eimer.
Du solltest dich ausziehen, in der Zeit nahm dein Vater den Eimer und stellte in die Nähe der verschlossenen Tür.
Du solltest dich wieder über den Eimer hocken und darein fäkieren und urinieren.
Er befriedigte sich dabei selbst und du warst weg. Ich schickte dir Nebel. Du wachtest ab und zu wieder auf, aber er ließ dich nicht raus, bevor du dein „Geschäft" gemacht hattest.
Dir war es sehr unangenehm und du bekamst nichts raus, wie denn auch, wenn er dir zuguckt und sich dabei befriedigt.
Deine Angst war groß und du wolltest aus dem Keller. Keiner merkte auch nur ein kleines bisschen, `was dort bei euch vor sich ging.

Papa und ich gingen nach einer Zeit zusammen nach oben. Meine Mutter fragte gar nicht, wo ich so lange gesteckt habe. Vielleicht wusste sie ja doch, was er mit mir macht. Aber warum hat sie mir nicht geholfen?!

Die Flashbacks erschweren mir den Alltag sehr und ich bin ziemlich eingeschränkt. Die Gedanken mir eventuell das Leben zu nehmen, machen mich zunehmend schwächer, ich stelle mich zunehmend in Frage, und die „Kein- Bock" Phase habe ich seitdem ich hier bin, verstärkter.

Ich denke oft daran, wie es werden soll, wenn ich wieder zu Hause bin und entlassen werde.
In ungefähr zwei Wochen muss ich das Glaubwürdigkeitsgutachten machen, welches mein Vater haben wollte. Er streitet immer noch alles ab. Mir graut es davor und ich habe Angst das Ganze zu erzählen und dann nicht ernst genommen oder ausgelacht zu werden.
Am Donnerstag war ich beim Orthopäden, wegen meines Knies, das noch operiert werden muss.
Beim Orthopäden empfand ich es als grauenvoll. Er fasste mich an den Stellen an, an denen ich überhaupt nicht angefasst werden mag… Er sagte zuerst zu mir, dass er mich nicht einrenkt, oder irgendetwas dergleichen tun möchte.
Dann fasste er mich an meinen Hintern an, `was sehr unangenehm war. Ich sollte mich in immer verschiedenen Positionen legen, in denen er dann doch einrenkte.
Irgendwann sollte ich mich auf den Bauch legen, und der Arzt nahm seine Hände, stützte sie auf meinen Hintern ab und, unbeschreiblich, als wenn, ich wieder missbraucht werde, ruckartige Bewegungen vom Arzt, die für mich unaufhaltbar waren.
In der Klinik musste ich erst einmal duschen gehen. Ich ekelte mich. Wieder hatte ich Flashbacks.
Nach dem Duschen kam meine Bezugsperson in der Klinik, zu mir und fragte mich, wie es gelaufen ist und was los sei. Warum ich jetzt weine.
Ich sagte ihr, dass ich gerade nicht reden möchte.
Eine Viertelstunde später kam meine Therapeutin und sah mich auf dem Bett sitzen und heulen.
Sie fragte mich, ob der Vertrag noch steht, mich

nicht umzubringen.
Dann sagte sie auf einmal: „och Süße…". Ich weinte pausenlos, und konnte mich kaum noch einkriegen.
Ich dachte daran mein Bedarfsmedikament zu nehmen, um wieder zu mir zu kommen und ein wenig ruhiger zu werden. Nach dem Mittagessen, an dem ich teilnahm, ging ich zu meiner Therapeutin. Ich fragte sie, ob ich am Wochenende in der Klinik bleiben kann.
Sie sagte mir, dass sie auch schon überlegte, mich fahren zu lassen, da ich sehr instabil bin.
Am nächsten Tag war ich wieder ein wenig besser drauf. Frau Danker hat mir die Entscheidung in der Klinik zu bleiben selbst überlassen. Ich entschied mich, nicht in die Einrichtung zu fahren.
Am Samstag war ich mit einer Mitpatientin einkaufen und spazieren. Um ca. 19: 00 Uhr habe ich mit einem Erzieher aus meiner Einrichtung telefoniert.
In der Nacht erschrak ich, als die Nachtwache in das Zimmer kam. Seit den letzten drei Tagen erschrecke ich mich sehr, wenn die Nachtwache nachts hereinkommt.

Wir schauten DVD und waren kurz spazieren. Das Mittagessen habe ich wieder nicht bei mir behalten können, sowie ich das Frühstück ebenso erbrach. Ich bekomme langsam Angst vor mir selbst.

Die Flashbacks sind immer dieselben…. Keine Zeit mich in irgendeiner Art und Weise auszuruhen.

Am Mittwoch, den 25. November, habe ich einen Termin an einem Gymnasium in meinem jetzigen Wohnort.
Ich hoffe, dass ich dort angenommen werde und dort zur Schule gehen kann, aber eigentlich muss von Gymnasium zu Gymnasium angenommen werden.

Du warst wie immer mit deinem Vater im Keller. Er hat dich ausgezogen und du musstest seinen Penis in deinen Mund nehmen.
Er hatte einen Samenerguss und du durftest es wie immer nicht ausspucken und musstest es hinunterschlucke. Aber wie immer hast du es erbrochen und musstest es dann vom Boden auflecken.
Dein Vater ließ dich erst gehen, wenn du alles vom Boden entfernt hast. Dir war die Situation sehr unangenehm und hast gehofft, dass es sobald wie möglich zu Ende war.
Deine Dissoziation verstärkte sich in diesen Situationen, ich wollte dich schützen.

Die Woche darauf war auch sehr schwer. Am Dienstag hatte ich ein Einzel- Termin bei meiner Therapeutin, die mir sagte, dass der Termin für das Gutachten steht. Es war am Dienstag, den 01. 12. 2009.
Ich hatte große Angst davor und war erschrocken über diese Nachricht, obwohl ich ja eigentlich wollte, dass der Termin so schnell wie möglich ist, damit ich es endlich hinter mir habe.
Meine Therapeutin ist dann mit mir spazieren gegangen.

Sie sagte mir, während des Spazierganges, dass es verständlich ist, dass ich davor Angst habe….
Ich habe mich eigentlich über jedes Einzel bei meiner Therapeutin gefreut. Aber die kommende Woche, die mir bevorstand war nicht die angenehmste.
Ich habe mir viele Gedanken über mich und meine Eltern gemacht.
Am Wochenende bekam ich nur eine Tagesbeurlaubung für den Samstag. Ich habe in der Einrichtung Kekse gebacken und war nach dem Essen spazieren.
Aber auch dann habe ich das Essen nicht bei mir behalten können. Ich ging am Hafen spazieren und übergab mich dann am Hafen.
Am Sonntag ging der Tag auch schnell vorüber. Meine Freundin hat mich in der Klinik besucht und wir gingen über den Weihnachtsmarkt.
Der Dienstag rückte näher, und die Nächte wurden für mich zur Qual. Ständiges Kopfkino. Ich konnte mich auf gar nichts mehr konzentrieren. Am Montag war meine Therapeutin krank. Eine andere Therapeutin von der Station , war noch da, die ich um ca. 15: 40 ansprach und fragte, ob sie Zeit für mich hat, die dann aber gerade in einem Gespräch saß und hinterher zu mir kam.
Ich saß im Zimmer und weinte, als sie hereinkam. Riesige Schuldgefühle machte ich mir. Ich habe das Geld von Papa für das Schlafen angenommen und behalten und mich somit an Papa verkauft.
Sie sagte mir, dass das nicht wahr sein würde und, dass das noch viel schlimmer ist, wenn mein Vater mir dafür sogar Geld gegeben hat…. Ich empfand es aber anders und kann mir nichts mehr erklären.

Sie erklärte mir, dass das Schweigegeld war, das er mir gegeben hat, damit ich das nicht weitersage. Ein komisches Gefühl, wieso kam sie gerade darauf?! Mein Vater hat immer zu mir gesagt, dass ich das nicht weitersagen soll, weil ich das Geld dafür kriege.
Nach dem Gespräch hatten wir noch ein Gruppengespräch. Es fiel mir sehr schwer dort zu sitzen und nicht zu weinen oder zu dissoziieren.

Nach dem Gruppengespräch ging ich mit einer Mitpatientin zum Supermarkt und holte dort Salat für uns und tranken Latte Macchiato.
Zum Abendessen bereiteten wir uns den Salat vor. Während des Abendessens waren wir alleine, da die anderen Mitpatientinnen von der Station Alkohol tranken und daraufhin begrenzten Ausgang bekamen. Eine Mitpatientin und ich lenkten uns mit „Halli Galli" ab. Die Nacht von Montag auf Dienstag habe ich nicht schlafen können. Die Nachtwache bot mir an, Tee zu trinken und danach wieder zu Bett zu gehen.
Das Angebot nahm ich um 02:30 Uhr dankbar an, so ging die Nacht auch schnell vorüber und der Dienstag rückte näher.
Dienstagmorgen nahm ich am Frühstück nicht teil und verkroch mich im Zimmer, in dem ich pausenlos heulte, da ich das Ganze nicht noch einmal erzählen wollte und es mir sehr schwer fällt. Ich hatte das Gutachten um 10:00 Uhr. Meine Therapeutin sagte mir, dass sie mich um 09:50 Uhr abholen würde und dann war es auch ganz schnell. Zehn Minuten vor Zehn.

Frau Danker sagte um diese Uhrzeit, dass die Frau für das Gutachten schon da wäre.
Sie fragte mich, ob ich sie mit abholen würde vorne, aber ich verneinte und setzte mich schon in das Büro einer anderen Therapeutin, da meine Therapeutin es als nicht sinnvoll ansah, dass das Gutachten in ihrem Büro gemacht wird und dazu kam noch, dass ich nicht so weit von der Station entfernt sein wollte.
Als die Gutachterin kam, hatte ich erst einen guten Eindruck von ihr. Sie sah sympathisch aus, aber trotz allem war sie fremd und eine Person, die mir eventuell wieder nicht glauben würde.
Meine Angst irgendetwas von mir und meinem Vater preiszugeben stieg. Ich hatte ihm versprochen es nicht weiterzusagen und brach es schon eindutzend Mal.
Die Frau sagte mir, dass sie völlig neutral ist. Sie stehe weder auf der Seite meiner Eltern, noch auf meiner Seite.

Und während sie das sagte, war ich weg, Stimmen überkamen mich. Mein innerer Helfer, aber es half nichts. Ich musste da durch und holte mich wieder zurück.
Zuerst sollte ich ihr schildern, was ich meinem Vater vorwerfe und warum ich ihn anzeigte.
Ich habe nur einen Satz angefangen, dann musste ich raus und fragte, nach einer Pause, die ich dann auch bekam. Ich ging auf mein Zimmer, in dem meine Zimmernachbarin saß und eine Verhaltensanalyse schrieb.

Mich überkam das Gefühl wieder zurück zu müssen und einen starken Reiz zu brauchen und ging zum Dienstzimmer.
Ich sagte heulend, dass ich jetzt irgendetwas brauche. Eine Erzieherin gab mir Tabasco, das ich dann getrunken habe.
Dann bin ich mit einem Cool- Pack wieder in das Gespräch gegangen. Die Frau sagte mir, dass es auch länger dauern würde, wenn ich öfter eine Pause brauchen würde, was für mich vorwurfsvoll klang.
Während des Gespräches fragte ich meine Therapeutin, ob sie mir Tabasco und Zitronensaft holen könnte.
Ich hatte das Gefühl, dass es sie irgendwie belastete. Als ich sie fragte wirkte sie nachdenklich und holte mir sofort Tabasco und Zitronensaft.
Die Gutachterin fragte, was ich meine Therapeutin gerade gefragt hatte und wunderte sich, dass ich, als sie wiederkam, Tabasco und Zitronensaft trank.
Meine Therapeutin erklärte ihr, dass das ein Ersatz wäre für die Selbstverletzung und um wieder klar denken zu können. Das Ammoniak benutzte ich kaum.
Während ich die Situationen schilderte überkam mich Ekel und mir wurde ziemlich übel. Nachdem ich einige Situationen beschrieben hatte, sollte ich nur allgemeine Fragen beantworten, und hörte dabei viele Aussagen, die ich nicht verstehe und nicht erklären kann.
Mich schockierten so einige Aussagen.
Mein Vater sagte zum Beispiel aus: „wann hätten wir das denn machen sollen, wir hatten doch gar keine Zeit dafür…".

Mein Pflegevater sagte aus, dass ich mir beide Arme aufgeschlitzt hätte. Ich verstehe gar nichts mehr. Während des Gutachtens erzählte mir die Frau, dass mein Vater mich angezeigt hätte. Er streitet immer noch alles ab. Ich verstehe ihn nicht. Er hat mich doch geliebt. Mich bringt das am Rande der Verzweiflung.
Ich musste zu vielen Aussagen Stellung beziehen und mache mir jetzt viele Gedanken über einzelne Personen.
Warum streitet Papa alles ab?
Das Gutachten lief drei Stunden und war somit um 13:00 Uhr wieder auf Station. Immer noch ziemlich fertig.
Meine Therapeutin sagte mir, als ich aus dem Büro ging, dass sie gleich zu mir kommen würde. Sie tat mir ziemlich leid. Sie sah ziemlich kaputt aus und sie wusste nie so viel von mir.
Fünf Minuten später sagte sie mir, dass sie erst einmal rausgehen muss. Was habe ich getan, dass es meiner Therapeutin jetzt so geht?!
Ich fragte meine Therapeutin, ob ich vielleicht mit ihr raus gehen könnte, aber sie sagte, dass sie erst einmal Zeit für sich braucht und ich mit einer Erzieherin raus gehen sollte. Ich wollte raus und durfte nicht alleine.

Frau Landa ging mit mir zu einem Supermarkt und trank dort mit mir Latte Macchiato.
Um ca. halb fünf kam meine Therapeutin noch einmal auf mich zu und fragte mich, ob ich Zeit hätte. Wir gingen spazieren und unterhielten uns über die Aussagen.
Ich war unglaublich erschöpft und weinte viel.

Wozu lebe ich nun noch? Meine Suizidalität wuchs sekundlich. Am Liebsten wäre es mir, ich lebe nicht mehr. Es tat mir weh, alles erzählen zu müssen.

An den nächsten beiden Tagen hatte ich ein Einzel bei meiner Therapeutin und wir unterhielten uns über „Schuld".
Ich sollte einen Kuchen aufteilen, wer wie viel Schuld bekommt. Ich sagte ihr, dass ich nicht nur einen Kuchen aufteilen kann, sondern von Jahr zu Jahr verschiedene.
So kamen vier Kuchen raus, die ich mit einem anderen Prozentsatz versah und eigentlich nur mir die Schuld für die jetzige Situation gebe.
Frau Danker versuchte mir klar zu machen, dass nicht ich, sondern mein Vater Schuld ist. Ich besaß meinen Eltern gegenüber eine Loyalität. Ich hätte also nicht anders handeln können.
Aber ich stimmte dem nicht zu und beharrte auf meine Meinung! Die Woche über war sehr schwer und ich wollte nicht in den Keller gehen und vermied Situationen, in denen ich mich gefährden könnte, - gänzlich.
Meine Therapeutin unterstützte mein Vermeidungsverhalten nicht. Sie wollte, dass ich den Unterricht im Keller wahrnehme. Dennoch setzte ich keinen Fuß überhaupt auf die erste Treppe.

Das Wochenende stand an. Es graute mir davor nach Hause zu fahren, da ich im Keller wohne. Aber ich stellte mich dem und fuhr nach Hause.

Die Abendsituation war unaushaltbar. Immer öfter driftete ich ab und versank in der Dissoziation. Das schien so weit zu gehen, dass ich wohl gar nichts mitbekam, ein Erzieher vor mir stand und ich mich erschrak.
Wieder verletzte ich mich selbst.

Was ist es in mir, dass es mich immer wieder zwingt zu tun,
anstatt mit diesen Taten zu ruhn.
Blut muss fließen, und mich warm berühren,
erst dann kann ich das Leben in mir spüren.
Es sind die Narben der Seele,
mit denen ich mich immer wieder quäle.
Alle Qualen müssen nach außen,
lassen mich kaum verschnaufen.
Es ist wie eine Sucht,
wie eine unüberwindbare Schlucht.
Wie kann ich dem entgehn?
Wie wieder Licht am Ende sehn?

Ich brauchte Leere und die gab mir zu dem Zeitpunkt nur die Rasierklinge.

Die Woche war auch nicht gerade die Beste. Am Dienstag hatte ich ein Einzel bei meiner Therapeutin. Das Einzel war sehr schwierig. Sie wollte mit mir die Verhaltensanalyse von Samstag besprechen, die allerdings auch nicht die Leichteste war.
Während des Einzels bin ich immer wieder abgewichen. Die Dissoziation wurde zu meinem

Fluchtort. Immer öfter verschwand ich. Meine Therapeutin fragte mich, `was bei mir los ist. Ich wusste nicht mehr `was ich machen sollte und fing an zu weinen.
Sie fragte mich noch einmal `was mit mir los ist. Ich war so erschöpft.
So hörten wir auf über die Verhaltensanalyse zu sprechen und beschäftigten uns mit der Zukunft. Ich hatte große Schwierigkeiten so weit vorauszuschauen. Sie sagte mir, dass ich mir auch mal Zeit lassen soll, um einfach mal zu träumen.
Sie fragte mich, wie ich mein Leben in fünf Jahren sehen würde. Mein Traum, Ich will „normal" sein. Ich will so leben wie jeder andere es auch tut. Spaß zu haben, dabei noch Realist sein. Das Leben genießen und mich freuen können. Nicht mehr so negativ zu denken. Nicht in Flashbacks gefangen zu sein, sondern eine gewisse Kontrolle zu besitzen.
Ich ging nach einer Stunde aus dem Einzel und war immer noch erschöpft. Meine Gedanken fressen mich im Moment auf.
Verzweifelt suche ich immer noch eine Antwort für die Vorfälle mit meinem Vater, aber ich finde sie nicht.
Nach dem Einzel war ich erst zehn Minuten alleine im Zimmer und weinte mich dort aus, bis die Erzieherin kam und mich fragte, ob ich später noch Nachessen wolle.
Ich sagte ihr, dass ich das jetzt noch nicht weiß und gerade keinen Appetit habe.

Eine Stunde später hatten wir Gruppe, aus der ich raus geschickt wurde. Ich war dissoziiert, habe ich mir von meiner Therapeutin sagen lassen.
An diesem Tag kam noch dazu, dass wir eine Neuaufnahme bekommen haben, die eine Überdosis Tabletten zu sich genommen haben soll, sodass der Rettungswagen kam und die Ärzte auf der Station waren.
Während die auf Station waren, ist Frau Danker mit uns spazieren gegangen, um uns abzulenken.
Dennoch war es eine schwierige Situation für mich, da mich das antriggerte.
Meine Zimmernachbarin und ich gingen Latte Macchiato trinken, um uns davon abzulenken.
Jeder Tag war ein KAMPF:. Überlebe ich ihn, oder nicht? Diese frage stellte ich mir jeden Tag, wenn ich aufstand. Tag für Tag fühlte ich Todesangst. Tag für Tag passierte es wieder. Jedoch nur in meinen Gedanken.
Am nächsten Tag hatte ich mein zweites Einzel, in dem wir nur unwichtige Dinge besprachen, wie zum Beispiel: essen und trinken, und woher meine Instabilität kommt, und so weiter….
Abends hatte ich eine Bezugsperson- Stunde, die einen Struktur- und Essensplan für das Wochenende mit mir erstellte. Denn immer noch war ich essgestört.
Das war mir sehr unangenehm, da wir nur über die Mengen vom Essen und Trinken diskutierten. Ich wollte nicht so viel essen, dass ich auch nur einen Gramm zunehmen würde. Der ganze Tag drehte sich nur noch um das Essen und Trinken.
Abends um viertel vor zehn verletzte ich mich dann so tief, dass es auch noch genäht werden musste.

So bin ich um zehn Uhr abends mit einer Erzieherin noch in eine andere Klinik zum Nähen gefahren worden. Um elf war ich wieder in der Klinik und ging zu Bett. Eine schlaflose Nacht begleitete mich.

Am nächsten Morgen musste ich von acht bis neun Uhr die Verhaltensanalyse für die Verletzung schreiben. Danach hatte ich gleich Unterricht, bis um halb zwölf.

Ich war den Tag so erschöpft, dass ich mich von fünfzehn bis sechzehn Uhr noch einmal hinlegte und mich ausruhte.

Danach ging es gleich weiter. Ich hatte noch Therapiekochen. Gut, dass ich das noch hatte. Denn es bestand die Gefahr mir Schaden zuzufügen.

Der Freitag verging dann so schnell, dass ich am Samstag schon nach Hause konnte. Endlich mal wieder Urlaub vom anstrengenden Klinikaufenthalt, wobei ich auch schon Montag herbei sehnte, um mit einer Therapeutin zu sprechen.

Am Dienstag habe ich schon den Zweiten Termin für das Gutachten. Ich denke darüber noch nicht so viel nach. Das wird erst am Dienstagmorgen kommen.

Vor dem Termin ging es mir verdammt schlecht. Meine Suizidalität war unerträglich. Ich machte mir große Gedanken zu leben. Wie lange ich dies noch tun werde und wie ich mir am Besten die Luft nehmen kann.

Der Sinn zu leben war für mich so unglaublich unklar….

Die Nacht über konnte ich erneut nicht schlafen. Große Angst vor dem zweiten Termin und dann auch noch mit einer Therapeutin, die ich kaum kenne.
Immerhin war einer dabei.
So war auch schon Dienstag. Auch vor diesem Termin konnte ich nicht am Frühstück teilnehmen. Meine Bezugsbetreuerin brachte mir die Medikamente in das Zimmer und fragte mich, ob ich am Frühstück teilnehmen wolle.
Bis zu dem Termin blieb ich auf dem Zimmer und heulte. Ebenso fragte ich mich, warum nie jemand für mich da ist, wenn ich jemanden brauche?!
Der Termin war noch schwerer als der Letzte. Jetzt sag ich es auch noch 2 Personen, was Papa und ich machten. Scham überkam mich.
Zweieinhalb Stunden später war ich mit dem Gespräch durch. Extrem anstrengend und ziemlich erschöpft nahm die Therapeutin sich Zeit für mich. Sie ging mit mir spazieren und redete mit mir über die Aussagen.
Den Tag über war ich oft dissoziiert, aber es war auf einmal kein Fluchtort mehr für mich. Ich hatte extreme Flashbacks und zitterte am ganzen Körper. Ich fror so unglaublich doll. Und trotzdessen, dass ich im warmen Zimmer saß, war ich unterkühlt.
Eine Erzieherin weckte mich mithilfe des Ammoniaks wieder auf und ging dann eine schnelle Runde mit mir um die Klinik.
Meine Zimmernachbarin schien die Dissoziation mitbekommen zu haben. Sie war ziemlich außer sich und weinte.
Am nächsten Tag, hatte ich nur Ausgang in Begleitung.

Meine Zimmernachbarin und ich gingen spazieren. Sie erzählte mir vom gestrigen Tag und wie sie es erlebte.

Die ganze Woche über hatte ich kein Gespräch mit einen Therapeuten. Keiner war für mich da, warum?!

Die Woche darauf kam meine Therapeutin aus ihrem Urlaub und ich hatte absolut gar keine Lust auf sie und war total wütend auf sie. Wobei ich mich dabei nicht verstehen kann, da ich sie nichts gemacht hat, dass ich böse auf sie sein muss.
In der Woche wurde ich dann auch noch krisenverlegt auf die Geschlossene Station, da ich oft Pläne schmied, wie ich mich am schnellsten umbringen kann.
So wurde ich um halb elf abends noch verlegt, bekam „enge Betreuung" und musste im Aufenthaltsraum schlafen.
Ich konnte aber schon am nächsten Tag zurück und bekam wieder begrenzten Ausgang. Ebenso musste ich eine Verhaltensanalyse schreiben.

Dann mein Geburtstag. Schrecklich und keine Lust habend, gab ich mich dem hin. Meine Therapeutin gratulierte mir auch zu meinem Geburtstag.
Immer noch bin ich sauer auf sie.
Es ist mir zu anstrengend mit ihr Therapie zu machen, wenn ich ihr nicht vertrauen kann.
Nachmittags rief meine Schwester mich an und teilte mir mal eben mit, dass auch sie missbraucht wurde.
Der Schock saß tief. Warum ist das passiert?

Ich dachte über eine Therapiepause nach. Ich muss mit meiner Schwester reden. Eine Dreiviertelstunde nach dem Telefonat konnte ich endlich zu meiner Therapeutin.
Sie fragte mich, wie ich das ganze jetzt verarbeite?!
„Keine Ahnung!" Deswegen war ich doch bei ihr.
Klar war meine Therapeutin in diesem Moment für mich da, aber unterstützen konnte sie mich auch nicht. Wieder musste ich allein durch die Hölle gehen.

Die Weihnachtstage musste ich in der Klinik bleiben. Die Gefahr, dass ich zu Hause impulsiv handeln würde, war zu groß.
Am Sonntag nach Weihnachten kam ich wieder auf die „normale" Station, da der Arzt sagte, dass ich stabil wäre. Ich muss ein sehr gutes Pokerface gehabt haben, um meine Therapie aufrechterhalten zu können.
Am Montag, sollte ich nach dem Frühstück zu Frau Danker, die mir sagte, dass ich den anderen nicht sagen soll, dass ich auf der geschlossenen Station war.
Für mich war das eine schwierige Situation, da alle irgendwie, in irgendeiner Art und Weise von zu Hause gesprochen haben und, wenn ich gefragt wurde, wie ich Weihnachten gefeiert habe, konnte ich nicht sagen, dass ich zu Hause war. Ebenso sagte ich ihr, dass ich keine Lust mehr habe zu kämpfen und eigentlich gerade auf Tabletten oder einer Rasierklinge angewiesen bin.
Des Weiteren sagte ich ihr, dass ich überlege die Therapie abzubrechen.
Die Gründe teilte ich ihr nicht mit.

Frau Danker fragte mich, ob ich eine Pro- und Kontra – Liste für Therapieabbruch schreiben könnte, aber dazu war ich in dem Zeitpunkt nicht in der Lage. Ich ging einfach aus ihrem Büro.
Daraufhin ging ich in das Zimmer und bin dort irgendwie dissoziiert und zitterte wohl wieder am ganzen Körper.
Frau Danker weckte mich mit Ammoniak wieder auf. Sie wiederholte die ganze Zeit, dass ich die Musik leiser machen soll, aber ich habe keine Musik wahrgenommen.
Sie teilte mir mit, dass sie mit dem Oberarzt, dem Arzt und den Mitarbeitern von der Geschlossenen Station telefoniert hätte.
Wieder hatte ich das Gefühl, dass irgendetwas hinter meinem Rücken entschieden wurde, ohne mich irgendwie darüber in Kenntnis zu setzen.
Ich frage mich immernoch, was das sollte, und versteh den Sinn nicht.

Ich wollte nicht auf die „geschlossene" Station und wehrte mich dagegen. Es passierte etwas, das ich nicht wollte. Angefasst wurde ich, obwohl es niemand durfte.
Mit vier Mitarbeitern und einem Arzt, und dem Oberarzt wurde ich über den „Time- Out- Raum" auf die Station gebracht.
Der Arzt und ein Mitarbeiter redeten im Zimmer noch einmal mit mir. Ich fragte, warum sich jetzt auf einmal jemand um mich kümmern will, wo ich volljährig bin?!
Pausenlos weinte ich, wie ein Wasserfall.
Ich verstehe immer noch nicht, warum meine Therapeutin mich ins kalte Wasser schmiss.

Warum sie das gemacht hat, kann ich nicht verstehen, und macht das ganze noch unverständlicher für mich, `was es vorher schon war.

Therapie

Körper- anwesend
Geist- abwesend
Worte- keine
Erklärungen- fehlen
Verständnis- lückenhaft
Tränen- versiegt
Gefühle- vereist
Gedanken- verwirrend
ENDE: ERNÜCHTERND

Die Situation hat mir noch einmal gezeigt, dass keiner mit mir umgehen kann, sowie mich keiner aushält.
Das Traurige am Ende war dann auch noch, dass meine Therapeutin sich nicht einmal von mir verabschiedete.
Am Montagnachmittag hatte ich zwar noch ein Gespräch mit ihr, aber klärend war es für mich ganz und gar nicht.
Ich fühle mich unverstanden und hintergangen….
In dem Gespräch sagte sie mir auch noch einmal, dass sie schon Wochen zuvor mit den anderen Therapeutinnen über meine Entlassung gesprochen habe. Ich frage mich, warum sie mich nicht darüber informierte. Die Entscheidung der jetzigen

Entlassung lag jedoch ganz allein an meiner Therapeutin.
Ebenso meinte sie, dass ich die Erfahrung einmal machen müsse. Ich versteh nicht welche Erfahrung: die Erfahrung, dass sich keiner um mich kümmert, die Erfahrung, dass sie mich einfach ins kalte Wasser schmeißt, die Erfahrung, dass sie mich gegen meinen Willen auf die Station gesteckt hat, die Erfahrung, dass es nicht mehr so weitergehen kann, die Erfahrung allein zu kämpfen, die ich schon seit Jahren mache, die Erfahrung, dass sie mich einfach gar nicht mag, die Erfahrung, dass ich zu anstrengend, und unaushaltbar bin, ich weiß nicht welche sie meint…

Kapitel 6

Die Zeit nach dem zweiten Aufenthalt

„Mach das Beste aus deiner Freiheit"

Ich habe im Moment keine Lust auf Frau Danker.
Ein Tag nach der Entlassung rief eine gute
Freundin aus der Klinik an.
Ich erzählte ihr, dass Frau Denker die Therapie
aufgrund hoher suizidaler Umstände abgebrochen
hat.
Sie konnte nicht verstehen, warum sie mich gerade
dann entlässt und war völlig außer sich. So richtig
kann ich auch immer noch nicht verstehen, dass sie
die Therapie abbrach. Immerhin war sie immer eine
derjenigen, die mich ein wenig verstand und mir
teilweise auch helfen konnte.
Meine Freundin rief dann bei Frau Danker an. Sie
fragte, warum sie mich einfach so gehen lassen hat.
Sie gab meiner Freundin sogar Auskunft. So viel
zum Thema Schweigepflicht….

Aber das soll mich auch nicht weiter stören.
Nächste Woche Freitag habe ich einen Termin zum Nachgespräch, wozu das noch dienen soll, kann ich auch nicht nachvollziehen, da sie eh` nicht mehr an mich herankommt.

Ich bin im Moment sehr glücklich hier in der Einrichtung. Es ist unglaublich, wie sehr sich das ins Gute auswirkte.
Meine Bezugsbetreuerin war noch mit mir spazieren.
Ich war schon ziemlich aktiv und habe die Bewerbung bei einem Supermarkt als Aushilfe abgegeben. In der Hoffnung, dass die mich dort auch annehmen.
Ich habe mir vorgenommen nach einer Fahrschule zu suchen, das werde ich die nächsten Tage auch tun und mich dann bei einer Fahrschule anmelden.

Am Montag habe ich mich auch gleich an der Fahrschule angemeldet und an der ersten Theoriestunde teilgenommen und habe mich an einem Erste- Hilfe- Kurs angemeldet, für den Führerschein.
Nachmittags sagte mir eine Mitbewohnerin, dass sie am Donnerstag ein Aufnahmegespräch in der Fachklinik hat, in der ich auch war.
Ich merke irgendwie, wie sehr angespannt ich bin, wenn das Thema Klinik angesprochen wird.

In mir die Starre,
in der ich verharre.
Schwankungen sind keine erlaubt,
mich des Gleichgewichts beraubt.

Sie muss halten Tag für Tag,
auch wenn ich es nicht mehr vermag.
Sonst stürzt meine Mauer ein,
und JEDER kann dann in mich hinein.

Die Zwangsneurose verstärkt sich, ich wasche mir nur noch die Hände, abends falle ich ab und zu in ein tiefes Loch, so dass mir auch ab und zu die Seife weggenommen werden muss. Der Drang mir zu schaden steigt.

Gefangen in meinen Zwängen,
die mein Leben einengen.
Gefangen in meinen Gedanken,
die sich mit mir zanken.
Gefangen in einer Körperhülle,
die mir vorgibt eine große Fülle.
Gefangen in meinen Bildern,
die mir die Vergangenheit schildern.
Gefangen in meiner Gefangenheit,
zuwider ist mir der endlose Streit.
Gefangen in meinen Kämpfen,
alles um sich dämpfend.
Gefangen in einem endlosen Labyrinth,
daraus ich keinen Ausweg find'.

Am Donnerstag, an dem meine Mitbewohnerin in der Klinik aufgenommen wurde, hatte ich auch ein Nachgespräch. Mir ging es zu der Zeit auch ganz gut und sagte nur: „ mir geht's gut, ich will keine Therapie mehr, ich mache gerade meinen Führerschein.
Auf die Verlegung wollte ich nicht mehr eingehen, das hätte mich nur wieder hinuntergezogen.

Ich habe in der letzten Woche sehr angestrengt und bin von einem Termin zum nächsten gelaufen, aber trotzdem ging es mir relativ gut.
Montag- und Mittwochabend hatte ich von 19:00 Uhr – 20:30 Uhr Fahrschulunterricht.
Ansonsten habe ich mich immer versucht in irgendeiner Art und Weise abzulenken.

Die letzten drei Tage waren der Horror. Ich habe vormittags irgendetwas gemacht, damit ich einen guten Start in den Tag habe.
Nachmittags nahm ich mir auch immer etwas vor, aber ich habe angefangen es nicht mehr einzuhalten. Ich merke, dass ich wieder total abrutsche und weiß nicht wieso?! Es ist hier nicht „schlimm". Ich muss lernen, in der Realität zu bleiben und nicht immer zurückzuschauen.
Aber das fällt mir verdammt schwer. Meine Gedanken kreisen nur noch um dasselbe Thema. Jeden Tag frage ich, ob ich Post bekommen habe von meiner Rechtsanwältin.
Ich warte nur noch darauf, dass es weitergeht…
Die Gedanken kreisen nur noch um den Prozess. Darüber will ich nicht mehr nachdenken.
In letzter Zeit realisier ich ganz viel. Flashbacks tauchen wieder gehäuft auf. Mein Kontrollverlust ist wieder so, wie vor drei Wochen.
Dabei wollte ich alles ändern. Ich will leben und nicht ÜBERLEBEN. Das ist einfach viel zu anstrengend. Das raubt mir meine ganze Kraft.
Die Einrichtung hilft mir teilweise. Mir fehlt manchmal der Mut, Bescheid zu sagen, wenn es mir schlecht geht.

Gesternabend hatte ich ein Gespräch mit meiner Bezugsbetreuerin und das Gefühl, verstanden zu werden.
Trotzdem gestaltet sich die Woche sehr unschön.
Ich halte meine Zwischenmahlzeiten nicht mehr ein und kämpfe nur noch. Meine Kraft lässt nach.
Samstag hatte ich den Erste- Hilfe- Kurs für den Führerschein. Der war super anstrengend.
Danach ging es mir noch schlechter.
Den Sonntag verbrachte ich mehr oder weniger fast nur mit Heulen.
Abends um 19:30 Uhr kam ein Erzieher, mit dem ich einen Kurzkontakt machen sollte. Er klopfte an die Tür, aber ich antwortete nicht. Ich weinte zu sehr, dass ich überhaupt noch irgendetwas sagen konnte.
Die Erinnerungen quälen mich zurzeit. Die ganzen Erlebnisse mit Papa machen mich fertig.
Ich bekomme den Schritt nicht hin. Ich verstehe nicht, warum ich nicht wieder hochkomme. Ich habe es sonst auch immer geschafft, nur jetzt nicht.
Niemals hätte gedacht, dass mich die Flashbacks im Alltag so beeinflussen.

Ich weiß teilweise gar nichts mehr, habe teilweise das Gefühl, dass alles wie ein Tsunami auf mich über schwimmt.

Die Seele schreit,
ich den Kontakt vermeid`.
Möchte verdrängen,
es nicht beim Namen nennen.
Die Seele blutet,
sie mich überflutet.

Die Seele weint,
sie sich mit mir vereint.
Sie macht mich damit krank,
weil sie aus der Hölle trank.
Kann es nicht ertragen.
Lässt mich so verzagen.

Ich habe am heutigen Abend noch Theorie-Unterricht in der Fahrschule. Ab dem 25. 01. gehe ich wieder zur Schule.

Gestern war es wieder soweit. Du hast mich im Stich gelassen. Es zog kein Nebel auf. Ich erleb mein Trauma als Erinnerungsblitze wieder. Jeder Geruch, jedes Aussehen, jeder kleinste Zusammenhang zwischen meinem früheren zu Hause und den jetzigen zu Hause kann ich nicht mehr auseinander halten.
Sie kommen für mich aus heiterem Himmel, unberechenbar und vernichtend. Du warst nicht da, und hast mich von einer Minute in die nächste in die Hölle zurückgeschickt. Jegliche unbedeutsame Dinge, lassen mich mein Trauma Widererleben. Eine Mitbewohnerin erzählte mir heute, dass sie mir Ammoniak unter die Nase hielt, aber scheinbar ließ mich auch das kalt. Ich erlebe es, als wenn es JETZT wäre. Zukunft und Gegenwart verschmolzen.

Ich ließ dich allein, du solltest kämpfen. Ihr habt gestern Abend fern gesehen. Der Satz: „ Lass uns mal schauen, was heute im Programm läuft....", schickte dich in die Hölle.

*Ich ließ dich in die Flashbacks hineinfallen. Du sollst jetzt versuchen, allein damit klarzukommen.
Ich ließ dich diese Situation Widererleben:
Dein Vater war mit dir wie immer im Keller, und schmiss dich auf den Boden. Du hattest Angst und fingst an zu weine. Dann warf dein Klotzkopfvater sich auf dich. Er ist in dich eingedrungen. All diese Erinnerungen ließ ich aufziehen.
Als du jedoch da drin warst, konnte ich dich da auch nicht mehr rausholen. Dafür warst du viel zu tief drin. Aber ich wusste, du würdest es aushalten.*

Ich merkte irgendwann, dass meine Bezugsbetreuerin meine Hand in ihrer hielt und ich mich immer noch versteckte. Ich wollte nichts mehr sehen.
Irgendwann schaute ich erst sie an, dann den Raum. Wo war ich???!
Was danach passiert ist weiß ich nicht. Du führtest mir auf jeden Fall die Vergangenheit vor Augen. Ich weiß eigentlich nur noch, dass ich gemalt habe. Was ich malte kann ich nicht sagen. Starke Schmerzen hatte ich nach diesem Vorfall. Wo kamen sie her. Papa war doch gar nicht da. Es waren doch nur die Erinnerungen.

Flashbacks

Flashbacks durchzucken mein Hirn.
Kann ihnen bieten, nicht die Stirn.
Erbarmungslos und heftig,
sind sie meinem Handeln mächtig.
Sie lähmen meinen Körper,
wie damals durch diesen Mörder.

Hilflosigkeit und Angst überfluten mich.
Jegliche Selbstkontrolle lässt mich im Stich.
Erschütternd und kalt,
machen sie vor nichts halt.
Unfähig mich zu wehren,
aus eigener Kraft zu zehren,
machen sie mich nieder,
immer wieder und wieder.

Ich esse wieder weniger und überlege wieder gar nichts mehr zu essen. Alles veränderte sich schlagartig. Träume tauchen auf, körperliche Schmerzen, Erinnerungen. Nur konnte ich es immer noch nicht in Verbindung bringen. Die Flashbacks, die du mir schicktest, konnte ich mir nicht erklären. Sie machten mir Angst und ich dachte, ich halluziniere, oder werde verrückt. Eine mir bekannte Szene spielte sich wieder vor meinen Augen ab, da merkte ich, dass es mit früher in Verbindung sein muss. Jeder Traum brachte weitere Einzelheiten, die mir bewusst machen, dass es keine symbolischen Bilder, sondern Bilder tatsächlicher Ereignisse sind.

Schmerzen, die nie aufhören
Die mein Dasein zerstören.
Schmerzen, die quälen,
lassen mich die Stunden zählen.
Schmerzen, dic zermürben,
mir zu viel aufbürden.
Schmerzen zu laut und stark,
sie sind in mir sehr autark.
Schmerzen, die aus der Seele kommen, die mich machen ganz benommen.

Schmerzen, die mir meine Verletzbarkeit zeigen,
soll ich mich ihnen neigen?

Ich verdränge meine Schmerzen immer noch. Ich will nicht als „Weichei" abgestempelt werden. Ich kann ja damit leben, wenn ich nicht gerade schwere Arbeiten verrichten muss.
Jeden Tag versuche ich so gut, wie nur möglich zu überbrücken. Ich nehme meine Aufgaben sehr ernst und mache sie meistens auch.

Ich wünsche mir, so zu leben, wie es andere Menschen auch können und sich zu freuen über Kleinigkeiten, die man selber schlecht sieht, oder nicht erkennen kann.
Ich kämpfe weiterhin. Jeder Tag ist eine Qual und wird zu einer großen Herausforderung, die ich wahrscheinlich niemals richtig bestehen kann. Ich warte auf einen Tag ohne die Dissoziationszustände, die mir täglich meine ganze Kraft rauben.
Alltägliche Aufgaben gehen an meine körperlichen und seelischen Grenzen. Ich weiß nicht, warum du so viele Blitze sendest. Du weißt doch als Beobachterin, dass ich damit noch nicht umgehen kann. Gerade jetzt ist es extrem schwer und ich fühle mich zunehmend einsamer.

Einsamkeit um mich herum,
lässt mich werden, ganz stumm.
Einsamkeit, die erdrückt,
sie macht mich ganz verrückt.
Einsamkeit, die isoliert,
es mich dabei sehr friert.

Einsam bin ich unter Menschen.
Einsam in meinem Denken.
Einsam in meinem Erlebten.
Einsam in meinem Erstrebten.

Ich habe das Gefühl, dass mir keiner helfen kann, obwohl ich mit der Betreuerin schon erste Schritte mache. Zeitweise habe ich das Gefühl, dass es so langsam vorwärts geht. Es weiß außer meiner Bezugsbetreuerin niemand, was in mir los ist, außer du, und ich verstehe nicht warum du im Moment nicht für mich da bist?! Ich fühle mich nicht sicher. Nichts ist mehr so, wie es einmal war.
Ich bin total kaputt, und habe keine Lust mehr. Schlafen kann ich auch nicht mehr, da ich nur noch Alpträume erlebe. Ich wache sehr schnell wieder auf und habe dann gerade mal eine Stunde geschlafen. Essen tue ich zurzeit sehr wenig. Trinken ist genau so ein schlechtes Thema, da es flüssig ist. Ich habe Schwierigkeiten das hinunter zu kriegen. Meine Schmerzen machen mich auch ziemlich anfällig für die Flashbacks.
Ebenso habe ich mit einem Betreuer über meinen derzeitigen Zustand gesprochen, der mich fragte, was stattdessen gemacht werden könne, damit mir geholfen werden kann.
So fing ich an meine Flashbacks aufzumalen und die dann nach oben in das Dienstzimmer zu bringen, wenn ich fertig gemalt habe. So kommt es auch nicht vor, dass ich die Bilder sehe und es wieder erlebe.
Meine Bezugsbetreuerin schlug mir gestern Abend vor, uns einmal in der Woche zusammen zu setzen, um über die Bilder zu sprechen. Ich weiß nicht, ob

das so gut ist, aber ich könnte es ausprobieren, um dem Leben ein Schritt näher zu kommen.
Mein Überlebenskampf hört nicht auf.

Ich habe in der Fahrschule meine ersten drei Fahrstunden bekommen für nächste Woche, die Freude ist groß, aber die Angst auch dort in meine Trancezustände zu gelangen ist ebenso groß.

Ich entwickle momentan wieder die „Nichts-Essen" Phase, die mich ziemlich erniedrigt. Ich lasse mich von den Kumpanen runtermachen und kann mich da nicht mehr gegen wehren.
Machtlosigkeit in jeder Situation.
Meine Flashbacks sind unaufhaltsam, und ich habe ein ziemlich hohes Schwindelgefühl. Mein Kreislauf hält dem Ganzen nicht mehr stand. Mein Körper fängt an sich zu rächen….

Abends hatte ich „Kurzkontakt" mit einer Betreuerin, die mir sagte, dass meine Erinnerungen in eine Therapie gehören und ich das Gefühl bekam, nicht darüber reden zu dürfen.
Nachdem mir das gesagt wurde, denke ich viel darüber nach, ob es richtig ist zu malen und es dann im Büro abzugeben. Ich habe das Gefühl, dass auch denen meine Situation zu viel ist. Ich fühle mich einsam.

Jeden Tag warte ich auf die Post, und frage mich von Tag zu Tag, warum nichts kommt.
Meine Flashbacks sind kaum zu ertragen und unberechenbar. Ich weiß nicht, wie ich da wieder jemals rauskommen soll!?

Der heutige Kurzkontakt war gut. Ich hatte das Gefühl verstanden zu werden. Da wollte mir jemand helfen. Ich muss meine Bezugsbetreuerin morgen unbedingt fragen, ob es überhaupt in Ordnung ist, wenn ich ihr mein Buch vorlese. Ich weiß auch nicht, ob ich sie unter Druck setze, wenn ich sage, dass sie es keinem erzählen darf, weil es eigentlich eine Sache zwischen Papa und mir ist.

Ich sehne mich nach einer Beziehung, und habe einen Klassenkameraden auch eigentlich ganz gern, aber ich weiß auch nicht, ob ich eine Beziehung aushalte. Darüber hinaus muss ich noch etwas für die Schule und die Fahrschule tun, aber ich glaube, dass ich mich ein wenig hängen lasse.
Meine Sehnsucht verstanden und in den Arm genommen zu werden ist unbeschreiblich. Ich kann mich nicht einmal selbst trösten.
Mit den Worten: „Hannah du spinnst…", versuche ich mich rauszureden, aber irgendwie ist es keine langfristige Lösung.
Ich will ein Leben führen, wie es jeder andere Mensch auch kann!!! Sehnsucht und zutiefst verzweifelt…

Mir fehlt meine Mutter, beziehungsweise EINE Mutter, mir fehlt Verständnis, mir fehlt Lebensfreude, mir fehlen Freunde, mir fehlt Selbstfürsorge, mir fehlt Mut, mir fehlt jegliche Zuneigung, mir fehlt es an Selbstbewusstsein, es mangelt an Geborgenheit.

Ich hatte ein Gespräch mit meiner Betreuerin und zum ersten Mal bei ihr das Gefühl, nicht verstanden zu werden.
Ich weiß, dass ich essen muss, ich weiß, dass ich in der Realität bleiben muss, und ich weiß auch, dass ich das nicht schaffe…. Mir fällt es immer schwerer Nähe zuzulassen. Beziehungen gehen nach zwei Wochen total in die Brüche. Ich bin einfach nicht in der Lage Beziehungen zu führen, da ich es anscheinend nicht aushalten kann. Ich weiß nicht mehr woran ich bin und brauche jemanden. Warum bin ich so allein?

Der erste Tag am Gymnasium war die Hölle. Viel schlimmer, als nur die Hölle. Die Klasse ist ziemlich undiszipliniert.
Die Artikulationsweise derer ist nicht angemessen und entspricht nicht der Norm. Sehr pubertäres Verhalten,…. Meine Kräfte neigen sich dem Ende zu. Ich bin ziemlich genervt, von allen und jeden. Jede kleinste Auseinandersetzung fass ich falsch auf. Zudem habe ich das erste Mal das Gefühl hier unwichtig zu sein und nicht verstanden zu werden. Mein Biologie- Lehrer hat zu mir „Baby" gesagt, was habe ich an mir, dass ich es so anziehe?!
Zudem denke ich, dass ich derzeit völlig abrutsche. Ich esse fast nur noch Getreide und erbreche wieder sehr viel. Meine Bezugsbetreuerin droht mir mit Therapie und Klinik. Dabei sehne ich mich nur nach Verständnis und Geborgenheit. Heute habe ich mich zum ersten Mal wieder selbst verletzt. So schnell kann man sein Vorsatz für das neue Jahr brechen…, So schnell kann einen alles egal sein. Ich musste genäht werden.

Wie kann ich bloß das Gefühl gewinnen,
verstanden zu werden?
Auf Schule habe ich überhaupt keine Lust, da die
Klasse undiszipliniert ist.
Ich sehne mich nach jemandem mit dem ich reden
kann, den ich kenne, der mich auch kennt, und mir
helfen kann.

Meine Albträume, die ich jede Nacht erlebe, lassen
mich jede Minute meine Erinnerungen auftauchen.
Der Kampf gegen die Kumpanen, wird zu einem
Überlebenskampf.

27. 01.2010

Überlebenskampf oder nicht,
stellt sich die Frage an mich.
Das Bedürfnis mir das Licht zu nehmen,
um mich nicht mehr nach allem so zu sehnen.
Das Bedürfnis Tabletten zu schlucken,
lässt mich meine Seele spucken.
Schwarz und zerfetzt,
lässt sich die Bilder nicht zusammengesetzt.

Ich warte immer noch auf Post von meiner
Rechtsanwältin. Immer noch habe ich kein
Ergebnis vom Gutachten. Je näher die Tage auf
„Ende Januar" rücken, desto mehr stell ich mich in
Frage.

Am Wochenende hatte ich wieder meine Phase und
dissoziierte. Ich merkte es wie immer daran, dass
ich wieder gemalt habe und das Bild auf meinem
Schreibtisch sah. Aber auch der Tag ging zu Ende.
Am Montag, hatte ich schulfrei. Ich fuhr zum

Ordnungsamt, um dort meinen Führerschein zu beantragen. Abends hatte ich eine Fahrstunde, die nach fünf Minuten abgebrochen werden musste, wegen Glatteis. Dann habe ich noch nach einem Gespräch gebeten mit meiner Bezugsbetreuerin, bei der ich mich entschuldigen wollte. Aber sie nahm die Entschuldigung nicht an. Sie sagte, dass es keinen Grund gebe, mich entschuldigen zu müssen,.... Ich weiß auch nicht mehr, was bei mir schief läuft. Ich habe auch noch bei meiner Rechtsanwältin angerufen, die bei der Staatsanwaltschaft anrufen wollte, um zu schauen, wie weit das jetzt schon fortgeschritten ist.

Heute hatte ich Zielgespräch in meiner Einrichtung: ich soll das „Falsch- Essen" aufgeben, aber das fällt mir extrem schwer. Etwas loszulassen, was mir hilft, was mir Freiheit gibt.

Ich weiß nicht, wie ich mich entscheiden soll, eigentlich möchte ich den „Richtigen" Weg gehen, dazu müsste ich das Selbstschädigende Verhalten ablegen. Der alte gewohnte Weg ist aber der Leichtere.

Richtig wäre es zum Arzt zu gehen, und den Darm überprüfen zu lassen und zu schauen, wie der derzeitige Stand ist. Die Nähe jedoch zuzulassen, ist das Schwierigste überhaupt. Mir ist in diesem Gespräch auch erst so richtig klar geworden, was ich meinem Körper eigentlich zumute. Trotz dieses schlechten Tages konnte ich auch gute Dinge sehen und habe mich über jede Kleinigkeit gefreut, die ich bekommen konnte, beziehungsweise zulassen konnte.

Ebenso ist mir klar geworden, wie wichtig mir meine Mutter eigentlich ist und, dass ich nirgends

hingehen kann, da ich kein richtiges Zuhause habe. Das Bedürfnis heute Nachmittag kurzzeitig Tabletten einzunehmen verstärkte sich. Meine Impulsivität konnte ich jedoch im Zaun halten und tat dies glücklicherweise nicht. Auch das Bedürfnis mich zu verletzen und mir wieder ein Stück Freiheit zu geben ist untragbar. Mein Kampf, es nicht zu tun, bringt mich teilweise an den Rand der Verzweiflung. Mein Überlebenskampf ist unglaublich.
Ich hoffe inständig, dass die Beziehung zwischen meiner Mutter und mir wieder besser wird nach dem Prozess und ich wenigstens ein bisschen Kontakt zu ihr haben kann. Es würde mir schon erheblich weiter helfen, wenn sie ihre Fehler einsieht.

Die Nächte erschweren mir zunehmend den Alltag, den ich nur schwer zu bewältigen versuche. Das frühe Aufstehen, um 05: 30 Uhr macht mich anfällig für Dissoziationen,…. So war es dann auch wieder soweit, nachdem ich mich die ganzen Tage nur mit meinen Hausaufgaben beschäftigte.

Flashbacks erlebe ich, wie immer sehr viel und immer noch unkontrollierbar. Meine Beobachterin führt es mich fast stündlich vor Augen.
Ich lerne langsam dazu und mache ganz kleine Fortschritte, die teilweise nicht für mich zu erkennen sind.

Die Fahrschule geht ebenso voran, meine dritte Fahrstunde, in meterhohem Schnee, die mir sehr

viel Freude bereitete. Ich merke, dass das „Leben"
ist. Das wünschte ich mir inständig.

Am heutigen Tag, hatte ich ein Gespräch mit
meiner Bezugsbetreuerin. Es war kein gutes
Gespräch, ich sehne mich immer noch danach
einfach mal in den Arm genommen zu werden, und
einfach nur getröstet zu werden, und mir in meiner
Entscheidung bezüglich des Prozesses beizustehen
und mir zu helfen, mich zu begleiten.

Sagt das Kind zum Herrn: „ Warum?" Sagt der
Herr: „was, Warum." Sagt das Kind: „ Warum ist
es mit mir passiert?" Sagt der Herr: „ was ist mit
dir passiert?" Sagt das Kind: „ Genau DAS!" Sagt
der Herr: „ Was ist DAS?" Sagt das Kind: „ Warum
willst du es nicht wahrhaben?" Sagt der Herr: „
Weil es ein Verbrechen ist!" Sagt das Kind:
„Warum hilfst du mir nicht?" Sagt der Herr: „ da
musst du schon alleine durch…". Sagt das Kind: „
wieso, lässt du mich im Stich?" Sagt der Herr: „ Du
bist stark genug…". Sagt das Kind: „ Ich bin nicht
stark, ich habe verloren!" Sagt der Herr: „ Gegen
WEN hast du verloren?" Sagt das Kind: „ Gegen
die Kumpanen, gegen mich, gegen meinen
Verstand, gegen die Gesellschaft,…". Sagt der
Herr: „ Wenn du denkst, dass du verloren hast,
kann ich dir nicht mehr helfen!" Entgegnet das
Kind: „ Wieso bin ich bloß so einsam?" Der Herr: „
Das hast du dir selbst ausgesucht!" Das Kind: „
Dann ist es ja doch meine Schuld…!?" Der Herr:
„Mit Schuld hat das nichts zu tun…". „ Womit
denn?" „ Das kannst du dir denken…". „ Aber was
soll ich mir denken?"   „ Naja, du hast schon

so viele Erfahrungen gesammelt, dass du es wissen müsstest!" „ Ich will wissen, warum ER das getan hat!" „Darauf kann ich dir keine Antwort geben…, ich kann dir nur sagen: „Das wird dir NIEMAND beantworten können."
„Ich weiß doch, dennoch, will ich getröstet werden…, wieso bin ich bloß so einsam?" Entgegnet der Herr zum letzten Mal: „Da kann ich dir nicht weiterhelfen!" „ Warum will mich NIEMAND verstehen?"

Und so wurde ich wieder allein gelassen….
Keiner steht mir in meinen Entscheidungen bei. Keiner tröstet mich, wenn ich Hilfe brauche, keiner sieht meine Not. Ich bin mit meinem Inneren völlig allein. Niemand kann mir weiterhelfen. Stehe inmitten der Wüste und warte darauf abgeholt zu werden.

Immer noch habe ich das Gefühl nicht verstanden zu werden. Die Folge des Nicht- Verstanden Werdens resultiert zum „ es kann mir niemand helfen" – Denken. Was auch immer passiert ist? Es macht mich kaputt.
Den Tag von einem auf den anderen umzuwandeln ist ein unerklimmbarer Berg, der von Zeit zu Zeit immer größer wird.
Ich kann nicht so schnell über 10 Jahre mit den Inhalten des Missbrauchs, mit den Vergewaltigungen, mit den Nötigungen, sexuellen Ursprungs zum Gefallen meines Vaters, wegschieben. Ich bin gerade erst dabei, die Geschehnisse aufzuarbeiten und dann wird mir gesagt, dass ich es wegschieben soll. Wieso,

versteht mich bloß keiner. Drei Jahre bin ich jetzt erst von zu Hause weg, die vorher von den Akten meines Vaters bestimmt worden. Über zehn Jahre habe ich einen von meinem Vater geprägten Alltag gehabt, den ich so schnell nicht verarbeiten kann, sodass ich jetzt ein Normaler Mensch wäre, ganz zu schweigen davon, dass man einen „normalen Menschen" nicht definieren kann.
Keiner hat so wirklich ein Gefühl dafür, wie ich mich fühlen könnte, um mich aus meinen Zuständen herauszuholen.
Das Verständnis anderer für meine Situation lässt gänzlich nach. Ich stoße vergeblich auf Gefühlskälte, die durch hohe Ansprüche, ohne Lösungsansätze, verstärkt wird. Was auch immer andere über mich denken mögen, lässt mich immer das Schlechteste sehen, wobei auch das Gute zu betrachten wäre, was mir Kraft gibt. Es kennt mich keiner!

Am Wochen Ende hatte ich in der letzten Stunde Wirtschaft/ Politik bei meinem Klassenlehrer. Wir haben das Thema Politik, mit dem wir uns auseinandersetzten. Der Lehrer, fragte uns wie der Staat mit den Gesetzen durchgreift, vor allem aber, ob sie zu „lasch" wären. Er fragte uns, was wohl ein Kinderschänder, der sexuellen Missbrauch an Kindern durchführt, bekommt? Ab da an war ich weg, verschwand wieder in meine Welt, die durch Flashbacks geprägt ist.
Ich spürte meinen Lehrer hinter mir, wie er mich aufweckte, und meine MitschülerInnen haben sich alle umgedreht und mich angeschaut und teilweise gelacht.

Mir ist die Situation ziemlich peinlich und traue mich nicht mehr in die Schule. Am Abend des gleichen Tages hatte ich erneut meine Phase. Ich malte wieder und inmitten des Malens bin ich wieder zu mir gekommen, habe das Bild gesehen. Mir lief ein elend langer Film durch den Kopf. Ich war total fertig mit den Nerven. Ich konnte die Situation nicht mehr aushalten.
Um 21:45 Uhr kam ein Erzieher zu mir. Er fragte nach dem Kurzkontakt. Ich nahm mein Bild mit nach oben und klebte es in mein Buch ein, in dem meine ganzen Bilder gesammelt werden. Der Betreuer baute mich auf, worüber ich sehr glücklich bin. Ich gab nicht auf…. Am kommenden Tag habe ich ein Gespräch mit meiner Bezugsbetreuerin.
Der abgesprochene Termin fand aber nicht statt.

Wie üblich ignoriert Es ist ja nichts Neues mehr für mich…. Ich rutsche zunehmend ab und erlebe viel zu viele Details wieder: Essen tue ich auch kaum mehr. Der ganze Druck lässt mich nicht kalt, warum das auch immer so kommt, wie es kommt, es macht mich fertig.
Ich bekomme seelisch nichts mehr auf die Reihe. Es belastet mich zu sehr…, daher habe ich nach einen Therapeuten, oder einer Therapeutin gesucht. Jedoch hat keiner einen Termin frei, sodass ich endlich anfangen könnte.
Wie tief bin ich gefallen, dass ich mich zurzeit so nach Therapie sehne?! Das Gespräch, welches meine Bezugsbetreuerin und ich für Montag vereinbarten, hatten wir dann heute. Ich konnte mich ein wenig aussprechen, aber das Gefühl

verstanden zu werden, ist immer noch in weiter Ferne.

Das Wochenende fing ganz normal an, sauber machen, frühstücken, Hausaufgaben und Mittagessen. Mein Leistungsanspruch in der Schule ist sehr hoch, sodass ich ziemlich lange vor meinen Schulsachen sitze. Meine Bezugsbetreuerin kam abends zu mir und fragte mich, wie es mir gehe. Ich hatte das erste Mal wieder das Gefühl, dass ich doch gar nicht so wertlos bin.

Mir ging es nicht gut und weinte dann auch noch als sie bei mir war.

Jetzt wusste sie auf jeden Fall, wie es mir geht, obwohl ich es nicht zeigen wollte. Es tat mir sehr gut, dass sie gerade dann bei mir war.

Trotzdessen verändert sich meine derzeitige Lage nicht. Ich finde für meine ganzen Fragen keine Antworten mehr. Alles ist wieder in sich zerfallen. Ich frage mich, warum Papa meine Liebe so hart ausgenutzte, warum habe ich immer das gemacht, was er gesagt hat. Warum war er dann so brutal zu mir? Warum hat er meine Hände immer fest auf den Boden gehalten, um mich in eine „Schach-Matt" Situation zu bringen, warum hat er das gerade mit mir gemacht, warum habe ich mich nicht gewehrt, warum hat er es so übertrieben, warum habe ich nichts gesagt? Alles strömt aus mir raus, alles überkommt mich, wie ein Wasserfall.

Ich frage mich und frage und bekomme keine Antwort mehr.

WWWAAARRRUUUMMM??????????????? Ich halte es nicht mehr aus, stelle mein Leben in Frage. Was soll ich denn noch erreichen, wenn ich mein ganz Leben lang nur „gefickt" wurde. Einen Therapieplatz habe ich auch noch nicht gefunden.

Ich lag im Bett, als Papa in mein Zimmer kam. Die Zimmertür war dieses Mal nicht abgeschlossen. Papa kam zu mir ans Bett, machte seinen Gürtel auf, schob meine Bettdecke nach unten, zog meinen Schlüpfer aus, und dann hat er seine Hose bis zu den Knien hinuntergezogen.
Dann Schritt für Schritt. Papa setzte sich auf meine Beine. Sein Penis war steif. Dann schob er es in mich, und legte sich ganz auf mich rauf. Seinen kalten Gürtel spürte ich auf meinen Beinen.
Meine Arme hat er fest im Griff. Er hielt mich fest. Er bewegte sich rauf und runter. Immer schneller schob er ihn rein und raus, bis er nicht mehr konnte.
Papa stieg von mir, zog mir meinen Schlüpfer wieder richtig an und deckte mich liebevoll mit meiner Decke wieder zu. Dann ging er zu meinen Mäusen an die Tür und machte währenddessen seine Hose wieder zu, als meine Mama in mein Zimmer kam, und Papa fragte, ob er noch „Weihnachten bei mir hocken will".... Jetzt hat sie es mitbekommen, aber wieso hat Mama mir nicht geholfen?!
Diese Frage stelle ich mir Tag für Tag. Warum hat Mama mir nicht geholfen. Hat sie es überhaupt gemerkt, hat sie es nur nicht wahrhaben wollen? Ich weiß gar nichts mehr. Ich frage mich, warum du mir ununterbrochen dieselben Bilder zeigst. Was willst du, als meine Beobachterin, damit sagen?! Du bist eine sehr gute Beobachterin gewesen, sodass du mir jetzt alles noch einmal

zeigen kannst. Du lässt keine Details aus…., aber was willst du mir damit sagen? Hat meine Mama das doch schon vorher gewusst???

Heute bekam ich die Antwort auf das Gutachten: die glauben mir nicht…. Ich bin völlig außer mir. Ich weiß gar nicht mehr, was ich noch denken soll!? Bis Montag soll ich mich entscheiden, ob ich gegen das Gutachten Einspruch einlegen möchte, oder, ob das Verfahren eingestellt wird. Ich bin völlig durch den Wind. Was wird wohl passieren, wenn er weiterhin auf freiem Fuß läuft! Ich will auch eigentlich nicht, dass er in ein Gefängnis kommt. Ich will nur von ihm hören, dass er das wirklich gemacht hat. Mehr will ich gar nicht. Ich will auch keine Entschuldigung…, oder irgendwie so etwas. Ich will nur wissen, dass er das getan hat. Wofür lebe ich nun noch. Eine Frage, die immer wieder auftaucht. Ich weiß nicht mehr weiter, ich weiß nicht mehr, wofür ich noch lebe, ich habe ein sehr großen Drang mich umzubringen, weil ich einfach keinen Sinn mehr sehe. Meine ganze Kindheit ist zerstört.
Was wird aber wohl passieren, wenn ich mir das Leben nehmen sollte. Was passiert dann? Werden mich, die die mich kennen, vermissen, werden die traurig sein, oder mit meinen Eltern ein Fest auf meinem Grab feiern, wenn ich dann überhaupt eines haben werde.
Die Frage für mich ist jetzt nur noch, wie ich mich am Besten umbringe, am besten das Leben nehme….
Eigentlich wäre es ja verständlich, wenn ich das tun würde und vielleicht glaubt mir ja dann die Justiz.

Häufig reagieren die ja erst, wenn man von der Brücke springt. Mir laufen, seitdem meine Bezugsbetreuerin mir die Nachricht übergab, nur noch Filme durch den Kopf. 10 Jahre voller Angst voller Todesangst. 10 Jahre mit Qualen, 10 Jahre mit dem Verständnis, der Unglaubwürdigkeit….
Ich möchte wissen, was dazu führte, dass die Gutachterin mir nicht glaubt!!! Jetzt vegetier ich weiter vor mich hin. Im Hinterkopf habend, dass mein Vater mich immer noch jederzeit abfangen könnte.
Gestern teilte mir meine Betreuerin mit, dass meine Mutter in der vorherigen Einrichtung anrief und gefragt, habe, auf welcher Schule ich bin, das die angeblich eine Schulbescheinigung für die Krankenkasse brauchen würden.
Es ist unglaublich, kaum ist der Prozess eingestellt, sind meine Eltern wieder tätig und versuchen alle Hebel in Bewegung zu setzen, um herauszufinden, wo ich bin.
Dann bin ich abends noch zusammengebrochen. Ich habe keine Kraft mehr und bin unglaublich schwach. Es ist für mich unverständlich, was dazu geführt hat, dass ich unglaubwürdig sei.

Heute habe ich mit meiner ehemaligen Therapeutin aus der Klinik telefoniert, mit der ich einen Termin für Dienstag ausmachte. Auch für sie ist es unverständlich, dass mir nicht geglaubt wird, da sie auch bei der Gutachtenerstellung dabei war.
Ich frage mich, warum die Justiz so reagiert. Jetzt lassen die einen Kinderschänder weiter frei herumlaufen. Und dann soll Deutschland noch ein gerechter Staat sein, das ist doch eher eine

Monarchie, wie hier regiert wird. Die Politiker sollten sich mal Gedanken über härtere Gesetze machen, statt über Hartz IV, oder über irgendeinen schwachsinnigen Frauenfeiertag zu diskutieren.

Die Wochen vergingen rasend schnell, aber immer noch habe ich keine Kraft. Ich ließ mich von der Schule befreien, und ging teilweise früher nach Hause.
Die ganze Situation belastet mich sehr. Ich habe mich außerdem entschlossen, Einspruch gegen das Gutachten einzulegen. Meine Therapeutin hatte mir zweimal den Termin bei ihr abgesagt, da sie krank war. An einem Freitag war sie in der Klinik, dennoch ging es ihr nicht gut und wollte schon früher nach Hause. Ich konnte meine Situation aber nicht länger aushalten, und so gab sie mir einen Termin an dem Freitag.
Sie half mir sehr weiter und zeigte mir Wege auf. Auch habe ich die ganzen Nächte wach im Bett gelegen und überlegt, was ich machen soll, Einspruch?, oder keinen Einspruch?.
Ich schrieb ununterbrochen Pro- und Kontra-Listen, die meine Therapeutin mit mir dann auswertete. Mein Körperlicher und seelischer Zustand verschlechterte sich zunehmend. Letzte Woche Sonntag hatte ich wieder meine Phase und kam da nicht mehr raus.
Um Halb elf bin ich erneut zusammengebrochen. Ich hatte gar keine Kraft mehr und war einfach völlig fertig. Eine Betreuerin brachte mich ins Bett und so konnte ich auch an diesem Abend nicht schlafen. Am nächsten Tag merkte ich die Schmerzen von dem Sturz... Es war unerträglich.

Zudem hatten sich meine Nasenschleimhäute verätzt, durch das Ammoniak, das die Betreuerin mit unter die Nase gehalten haben muss.
Es ist erschreckend, dass ich von so einer großen Menge Ammoniak nicht mehr wach wurde.
Aber auch diese Woche verging. Ich durfte aus dem Keller ziehen. In meinem neuen Zimmer geht es mir wesentlich besser.
Am 12.März meldete sich meine Schwester wieder zum ersten Mal seit Januar. Mir ist es immer noch unverständlich, warum sie gerade jetzt wieder Kontakt mit mir aufnimmt.

Heute hatte ich zur zweiten Stunde und hatte nach Erdkunde vier Freistunden, sodass ich auch nach Hause fuhr.
Nach dem Essen habe ich mir wieder 10 Seiten von dem Gutachten geholt, um sie durchzulesen, und zu analysieren, mir Fragen aufzuschreiben und sie dann mit meiner Bezugsbetreuerin zu besprechen.

Es war der Tag, an dem du in deine Heimatstadt fahren musstest, um dich für deine Realschulprüfungen vorzubereiten.
Du bist mit dem Bus gefahren und hast ausgerechnet an dem Tag auch noch überlegt, ob du eine Haltestelle vorher aussteigen solltest. Das war ich, die dir den Rat gab, aber du wolltest am ZOB aussteigen, um den Bus rechtzeitig zur Schule zu bekommen, aber dort kamst du nicht mehr an.
Dein Vater hat dich am Busbahnhof abgefangen und du hattest keine Chance dich irgendwie in irgendeiner Art und Weise zu wehren „Einsteigen oder sterben", das waren die Worte deines Vaters.

*Er ist mit dir in ein Dorf ganz in der Nähe
gefahren, mitten in die „ Valla Pampa". An diesem
Ort waren nur Bäume, von denen ihr weit und breit
umgeben wart.*
*Dein Vater hielt in einem Waldstück an, an dem er
sich, sowie auch dich auszog.*
*Du wolltest aussteigen. Er verriegelte vorher die
Tür mit einer Kindersicherung, sodass du da nicht
herauskommen konntest.*

Das Gutachten habe ich mittlerweile schon
durchgelesen.
Die Begründung habe ich jedoch immer noch nicht
geschrieben und heute haben wir schon den 27.
April 2010.
In der Zeit habe ich mir auch schon einen Nebenjob
geholt. Jedoch klappte es nicht ganz so, wie ich
mir das vorstellte, sodass ich heute kündigen
musste. Derzeit geht es mir auch nicht gut. Ich
dissoziiere oft und erlebe Flashbacks öfter und
verstärkter, so dass mich auch keiner mehr mittels
Ammoniak rausholen kann. Ich bin teilweise über
vier Stunden dissoziiert. Die Betreuer, habe ich das
Gefühl, halten mein Situation nicht aus. Gestern
Abend hat meine Betreuerin den Notarzt gerufen.
Als ich aufwachte bekam ich einen riesen Schreck,
weil plötzlich viele fremde Männer vor mir saßen.

Ich MUSS Therapie machen. Am folgenden Tag
wollen meine Bezugsbetreuerin und ich, mich in in
einer Klinik melden, um mich dort auf die
Warteliste setzen zu lassen, obwohl ich keine
stationäre Therapie machen möchte, aber ich kann

so nicht mehr weiterleben. Ich halte es nicht mehr aus. Ich muss etwas ändern.
Letzte Woche hatte ich starke Schmerzen und wurde zwei Tage bis zum Wochenende krankgeschrieben. Das Wochenende überstand ich mehr oder weniger bis auf, dass ich Freitag dissoziiert war.
Ich bin immer noch völlig durcheinander vom gestrigen Tag und kann nicht klar denken.
Heute durfte ich auch nicht zur Schule und musste hier bleiben. Mittags hatte ich ein Gespräch in der Einrichtung mit dem Leiter, der mir sagte, dass ich ganz knapp vor einer Klinikeinweisung sei.
Morgen habe ich noch einmal ein Gespräch mit meiner Bezugsbetreuerin, dann wird sich für mich auch noch einiges klären. Am Freitag habe ich einen Termin bei Frau Danker.

In der Einrichtung wird viel über mich und die Betreuer geredet. Die Betreuer werden dabei extrem schlecht gemacht. Wieder ein Nachteil der Dissoziation.

Erneut war ich am Sonntag dissoziiert. Dieses Mal über vier Stunden. Jedes Mal, wenn ich so halb in der Realität war, bin ich wieder sofort zurück. Ein Selbstschutz, der für mich nun negative Aspekte annahm. Was hätte ich in der Zeit alles machen können?!
Nachdem ich so halb „wach" war, wollte ich aufstehen. Sofort nahm mein Körper den schnellsten Weg zum Boden. Nun lag ich da. Angreifbar, wie immer. Erneut driftete ich ab, verschwand in meine Welt.

Am nächsten Tag hatte ich erst ein Termin in einem Krankenhaus, da ich noch am Knie operiert werden musste. Abends folgte ein Gespräch mit dem Einrichtungsleiter.
Ein ziemlich anstrengendes Gespräch, da ich mich sehr unverstanden fühlte. Ich weiß doch wo meine Grenzen sind.
ICH FÜHLE MICH SCHULDIG!!! Jedoch erkennt er meine Grenzen nicht. Auch nicht, wenn ich es sage.

Am heutigen Tag hatte ich einen Termin bei meiner Rechtsanwältin, mit der meine Bezugsbetreuerin und ich die Begründung formulierten, wobei die meiste Zeit über das Gutachten geredet wurde. Während dieses Termins, hatte ich oftmals das Gefühl, dass der Raum wankt.

Du hast mich öfter in die Dissoziation getaucht, obwohl ich das nicht wollte.
Die Schmerzen und Gedanken werden vermehrt heftiger. Ich habe das Gefühl nichts mehr leisten zu können.

Die Therapie war sehr schwer. Es ging detailreich um die Dissoziation. Ich habe ziemlich viel von mir preisgegeben.
Ich komme mit meinen Kräften an den äußersten Rand meiner Grenzen. Meine Beobachterin lässt mich zunehmend im Stich. Zeigt mir alles vor Augen, führt mich in die Dissoziationen und zeigt mir die Situationen mit mir und meinem Vater. Ich

kann nicht mehr und brauche Hilfe, doch kriege ich sie nirgends.
Es graut mir vor der Schule. Ich kann mich nicht konzentrieren und schaffe es im Moment leider nicht. Sollte ich doch stationär in eine Klinik? Ich möchte aber nicht aus meinem Alltag gerissen werden. Ich will nicht in meine alten Verhaltensmuster fallen. Wie lange stehe ich das noch durch??? Bitte hilf mir doch....

Wieder hatte ich meine Phase, war in meiner Welt, und bin auf der Terrasse zusammengebrochen.
Die Schwäche gilt meinem Körper, der das ganze nicht mehr mitmacht. Wochen ohne ausreichenden Schlaf, Wochen mit dem ganzen Laster, die mich zunehmend erdrücken.

Ich war für dich da. Ich habe dich nicht mehr zurückholen können. Auslöser war eine Spinne, die auf deinem Arm krabbelte.
Diese Situation wolltest du verdrängen, gingst nach draußen und holtest tief Luft, aber auch das half dir in diesem Zustand nicht. Du lehntest dich also an die Hauswand, um nicht umzukippen und dich noch oben halten zu können.
Ich merkte, dass du das nicht aushalten kannst, daher habe ich dich in deine Welt geschickt. Zuerst schickte ich dir nur den Kumpane, der dir deine Kraft nehmen sollte. Du solltest merken, wer hier der Stärkere war.
So bist du auf der Terrasse zusammengebrochen.
Ich brachte dich in folgende Situationen, aber wollte nicht bei dir sein...

Dein Vater rief dich rein, du saßest auf deinem Lieblingsbaum. Er kam dir im Treppenhaus entgegen. So ging er mit dir in den Keller, in dem du dich ausziehen solltest.
Rechts neben dir war das Holzbrett, und links neben dir lagen die Sandspielsachen, von dir und deinen Geschwistern. Du sahst sein langes Teil, dass er gleich wieder in dich stecken wird, um dich zu infizieren. Und so kam es dann auch. Er steckte sein „Willi", wie er ihn nannte, in deine Scheide. Es hat dir tierisch wehgetan. Er ging ziemlich brutal vor.
Er bewegte sich rauf und runter und machte dabei ganz komische Geräusche .Dein Kopf füllte sich mit Druck. Dein Kopf war kurz vor der Sprengung eures Kellers, den du über alles hasstest.
Deine Scheide war eingerissen. Deine Schmerzen waren überwältigend und du konntest mit dieser Situation nichts anfangen.

Ich gab dir die nächsten Filme. Dein Vater und du waren auf den Weg in die Kinderklinik, in welche du, zu Behandlung, musstest. Ihr hattet ein weißen „Mitsubishi", der an allen Fenstern Gardinen hängen hatte, die du und dein Bruder immer für Albernheiten nutzten.
Klotzkopf schob die Hand unter deinen Schlüpfer, und fasste dir zwischen die Beine. Dir war es sehr unangenehm, und versuchtest seine Hand immer wieder wegzuschieben, aber bei aller Liebe nutzte es die reichlich wenig.

Dann eine Szene in der Waschküche, die diagonal gegenüber von eurem Keller lag.

Klotzkopf schloss die Tür hinter euch ab. Du standest in der Mitte der Waschküche, als dein Papa einen Eimer vor dir stellte. Du solltest deine Hose herunter ziehen, und in diesen Eimer fäkieren und urinieren, wobei er sich selbst befriedigte. Dann gab ich dir die Bilder von der Zwischenfahrt bei einem Bekannten in einem kleinen Dorf. Dein Vater hat dir nach einer Zeit verboten Kleidung in diesem Haus zu tragen.
Ich habe dich die ganzen Situationen noch einmal neu erleben lassen. Papa hat dich auf dem Bett, im Flur auf den Küchenboden, in allen möglichen Räumen missbraucht. In der Küche hat der dich genötigt seinen Samenerguss zu schlucken, nachdem du seinen Willi in den Mund nehmen solltest. Das Erbrochene solltest du wieder aufessen.
Du hast dich sehr geschämt und ich habe dich in deinen Trancezustand versetzt. Ich ließ dich die ganzen Tage, an denen du mit deinem Vater vor deiner Mutter geflohen bist, wiedererleben. Dann merkte ich, dass dir das Alles zu viel war, und nahm dich an die Hand, ich zeigte dir von oben, wie du mit deinem Vater, die Situationen durchlitten hast.

Auch, schickte ich dir ganz alte Filme zu, in denen dein Papa dir ein Zäpfchen geben sollte. Auch da, nutzte er die Gelegenheit, um mit dir Geschlechtsverkehr vollziehen zu können. So passierte es auch da.
Er schob das Zäpfchen in deinen Po, und erregte sich dort schon selbst.

Dann solltest du dich auf den Rücken legen. So passierte es wieder. Auch hiervon gab es viele Ereignisse, da du oft krank warst und auf die Hilfe deiner Eltern angewiesen warst.

Trotzdessen, dass du so viele schlechte Erfahrungen hattest, ging es dank meiner Hilfe, dich zu retten, immer wieder weiter.
Ich ließ dich nicht im Stich...

Wieder zeigte ich dir eine bekannte Situation. Deine Mutter, eure Nachbarn und du waren draußen. Du spieltest ganz normal mit deiner Freundin und seid auf den Baum geklettert.
Dein Papa kam von der Arbeit, und sah dich auf dem Baum sitzen.
Ohne, dass er irgendetwas sagen musste, gingst du mit ihm nach oben, in dein Zimmer. Eine dir eigentlich bekannte Szene spielte sich ab. Er kam in dein Zimmer, du solltest dich ausziehen. Dann warf er dich auf den Boden, weil du ihm nicht schnell genug warst. So riss Klotzkopf dir deine Sachen vom Leib, hebte dich unsanft wieder auf, und schmiss dich auf dein Bett. Klotzkopf machte seinen Gürtel auf. Der Gürtel mit der Adlerschnalle, und stieß sein Glied in deine Scheide. Dir kam ein stechender Schmerz auf. Du schriest kurz auf, dann hielt er dir deinen Mund zu. Die Schmerzen, die du ertragen musstest waren unberechenbar stark. Du musstest sie aushalten. Ich schwebte an deiner Zimmerdecke und rettete dich. Die Schmerzen waren nicht mehr so stark und du hieltest sie besser aus.

Dein Klotzkopfvater ließ irgendwann von dir ab, und die gleiche Szene in anderer Ausführung, trug sich Tag für Tag im Sommer vor sich hin.

Ich schickte dir eine nächste Blitzansammlung von zusammenhängenden Bildern.
Du warst bei deinen Großeltern. Du warst noch klein, und dein Papa und eine dir noch unbekannte Person lag mit deinen Klotzkopfvater im Bett deiner Großeltern.
Deine Großeltern haben ein großes Haus und in der ersten Etage eine Einliegerwohnung, in der wir damals übernachtet haben. In dem Zimmer war ein Ehebett, in dem dein Vater mit der Person übernachtete, und in die Wandschräge integriert, war ein weiteres Bett, das einen Vorhang hatte, in dem du übernachten solltest.
Klotzkopf wollte mit der Person schlafen, die aber verneinte, und Klotzkopf wegstieß. Du hörtest nur diese flehende Stimme, die darum bettelte, dass er aufhört. Er ließ es auch. Er kam zu dir, machte den Vorhang auf, der an dem Bett angebracht war, schob dein Nachthemd hoch und drang in dich ein. Wider ein stechender Schmerz. Aber du sagtest nicht. Wieder rettete ich dich.

Es war die Waschküche, die er auswählte. Du kamst von deinem Konfirmanten- Unterricht. Klotzkopf fing dich unten im Treppenhaus ab. Er ging mit dir in die Waschküche, in dem vier Waschmaschinen, Waschmittel und ein Eimer stand. Er befahl dir, dich auszuziehen. Wiederstandslos ließest du es über dich ergehen. Du zogst dich aus, und solltest dich über den Eimer

*hocken und auf Befehl hinein machen. Klotzkopf
befriedigte sich dabei selbst. Du durftest nicht
gehen, bevor er dich entlassen hatte. Dieses Mal
hattest du danach auch noch Geschlechtsverkehr
mit ihm. Wieder dieser stechende Schmerz in deiner
Scheide. Blut floss. Er war sehr brutal zu dir,
anders hätte es sonst nicht sein sollen. Ich schickte
dir Nebel. Auch beschützte ich dich dieses Mal
wider.*

*Dann die Entführung, die Klotzkopf mit dir
unternahm. In dem Haus angekommen, hattest du
und Klotzkopf nichts anderes zu tun, als dich zu
vergewaltigen, dich zu nötigen, und dich sexuell zu
missbrauchen.*
*Lange Tage zogen sich mit ihm hin. Rund um die
Uhr war ich bei dir. Ich schickte dir Nebel und
versuchte dich zu retten. Dort angekommen,
machtet ihr ein Probeliegen, welches begleitet war
mit sexuellen Übergriffen. Wider und Wider drang
er in dich ein, und nötigte dich das erbrochene
Sperma aufzuessen. Brutale Vergewaltigungen
zogen sich hin. Immer bin ich für dich da gewesen.*

*Du warst fünf Jahre alt, und gingst mit deinem
Papa baden. Du mochtest dein Papa sehr und hast
noch nicht gewusst, was er machte. Dein Papa hat
Wasser für euch eingelassen, und Schaum gemacht.
Du hast es geliebt, wenn Schaum in der Badewanne
war. Du saßest schon in der Badewanne, als dein
Papa sich noch auszog.*
*Als Klotzkopf in die Badewanne ging, habt ihr erst
mit dem Schaum gespielt und du solltest mit dem*

Schaum eine "Burg" auf seinem Glied bauen. Er fasste in deine Intimstelle.
Wieder war ich für dich da, und beschützte dich.

Du warst ungefähr sieben Jahre alt, und musstest zu Hause bleiben, da du die Grippe hattest. Deine Geschwister und deine Mutter waren beim Arzt, und dein Vater kam gerade von der Arbeit, als er realisierte, dass du allein zu Hause bist. Du lagst im Bett, in dem Zimmer, welches du mit deiner Schwester teilen musstest.
Dein Papa kam in dein Zimmer. Er war schnell in seiner Reaktion. Er riss dir die Bettdecke weg, und drang in dich ein. Wider hattest du Geschlechtsverkehr mit deinem Vater. Wider habe ich dich beschützt.

Eine dir bekannte Klotzkopfszene. Im Keller angekommen, solltest du dich rechts hinter dem Bretterverschlag hinlegen. Du spürtest die ganzen Sägespäne, und du hattest Reiszwecken im Rücken. Es war nur ein kurzer stechender Schmerz, der dir dadurch zugefügt wurde. Brutaler noch, war der Geschlechtsverkehr, den du mit Klotzkopf hattest. Er hielt deine Hände fest auf dem Boden und drang in dich ein. Du blutetest, ich schickte dir Nebel und war an der Kellerdecke. Wider und Wider ist es im Keller passiert. Fast jeden Tag hatte er dich mitgenommen beziehungsweise abgefangen. Jedoch war ich auch hier für dich da.

Ich wollte dich aus diesen Zuständen nicht gehen lassen, und ließ dich weiterhin bei mir, weil ich das Gefühl hatte, dass du bei mir, deinem "Inni", sicher bist. Auch, wenn du dich nicht mehr sicher bei mir fühlst. Jedoch weiß ich, dass ich immer in diesen Situationen mit deinem Papa bei dir war, um dich zu schützen.

Ich versuchte dir die Augen zu öffnen, indem ich dir zeigte, mit welchen brutalen Mitteln er manchmal vorging, damit du seine „Geliebte" bist.
Weiterhin zeigte ich dir dein letztes Erlebnis. Dein bisher schlimmstes mit deinem Vater zusammenhängendes Erlebnis. Ihr wart oben auf dem Dachboden, und habt die Kartons nach oben gebracht, in denen ihr die Prospekte hineingelegt habt.
Du warst fünfzehn Jahre alt und schwanger von deinem Papa. Er hat dir auf den Dachboden auf deinen Bauch geschlagen. Er stellet sich auf mich... Dann ging es ganz schnell Das Baby „flutschte nur so heraus. Er bekam nicht genug.
Du brachtest euer Kind zur Welt, dein Papa hielt dir den Mund zu, damit du keine Aufmerksamkeit durch das Schreien weckst.
Die Nabelschnur durchtrennte er mit einem Cutter- Messer.
Dann sahst du dein Kind, es war durchsichtig und du konntest die bläuliche Haut sehen.
Es war tot...und extrem klein.
Nachdem du dein Kind zur Welt brachtest und dein Vater auch noch sauer auf dich war, solltest du auf dein Kind rauf machen.
Das zog sich hin, da du nicht auf Ansage urinieren, und fäkieren konntest.

Nach einiger Zeit schafftest du es. Dein Klotzkopfvater schickte dich nach einiger Zeit hinunter.
Da du ohne Begleitung nicht dein Zimmer verlassen durftest, wartetest du bis um 18:00 Uhr, denn um diese Zeit bekamst du ein neues Glas Wasser. Du fragtest, ob du duschen gehen könntest. Dein Vater kam mit dir. Er schloss die Tür hinter euch ab und ließ Wasser ein. Dein Vater zog dich aus. Als du in der Badewanne saßest, zog er sich ebenfalls aus und legte sich zu dir in die Badewanne. Auf einmal tauchte er deinen Kopf unter Wasser. Er wollte wieder Geschlechtsverkehr mit dir. Doch er ließ dich immer wieder nach oben, sodass du ab und zu mal Luft holen konntest. Doch du warst irgendwann bewusstlos....

Drei lange Jahre verbrachte ich mit ambulanter Traumatherapie. Ich hatte anfängliche Schwierigkeiten mich zu öffnen. Aber das „Normale" Leben ruft mich doch. Ich konnte also doch nicht aufgeben. Wofür lebe ich nun also? In erster Linie lebe ich doch für mich. Was möchte ich erreichen?
Mein Therapeut versuchte all dies mit mir zu klären. Er arbeitete mit imaginären Methoden der Traumatherapie. Auch arbeitete er mit „Eye Movement Desensitization and Reprocessing" (kurz: EMDR). EMDR ist eine effektive Methode zur Behandlung posttraumatischer Belastungsstörungen. Grund dafür ist die Augenbewegung, sowie die „biliterale

Stimulation", die das Selbstheilungssystem des Gehirns aktivieren. Dies ermöglicht eine beschleunigte Verarbeitung belastender Erinnerungen.
Nach einer erfolgreichen EMDR-Behandlung soll man sich deutlich entlastet fühlen, negative Überzeugungen könnten (auch von der Gefühlsebene her) neu und positiv formuliert werden.

Drei Jahre lang quälte ich mich neben der Schule durch diese Therapieform. Den Platz an der Klinik sagte ich ab.
Ich kämpfte mich in der Therapie durch viele Phasen. Anfangs schaffte ich gerade so den Weg in die Einrichtung. Häufig kippte ich nichts ahnend schon im Garten um. Betreuer, oder Mitbewohner werden mich da wohl gefunden haben.
Meine Zustände waren stark ausgeprägt. Was passierte in den Zuständen und wie verhielt ich mich?
In der Dissoziation erlebe ich Vergewaltigungen, Missbräuche und Nötigungen wieder. Diese Erinnerungen können Stunden anhalten, da auch die Bilder, die ich in diesem Trancezustand erlebe, ebenso Standbilder sein können. Dementsprechend ist es möglich, dass ich auch für 4 Stunden dasselbe Bild sehe. Ebenso ist es möglich, dass die Bilder keine richtigen Bilder sind, sondern Filme. Diese ziehen in mir vorbei und kehren häufig wieder. Ich erlebe es im Rausch der Todesangst. Es passiert, als wäre es jetzt, obwohl der Missbrauch schon 4 Jahre zurückliegt. Andere erleben diese Zustände als erschreckend und gefährlich. Man beschrieb es mir

wie folgt. Ich falle zu Boden, ohne ersichtlichen Grund. Dann fange ich stark an zu zittern. Das Zittern braucht kein eindeutiger Hinweis auf ein mögliches Frieren zu sein. Häufig schwitzte ich stark. Dies kam durch die Angst zu Stande. Weiterhin wird gesagt, dass ich hektisch atme und der Pulsschlag sich dementsprechend erhöht. Nach vielen Stunden höre ich ruckartig auf hektisch zu atmen. Ich soll nach Aussagen dann nur noch flach atmen. Dies sei kaum zu sehen. Ebenso sei kaum ein Pulsschlag zu fühlen. Wenn ich aufwache, soll ich mich hektisch umgucken. Häufig habe ich einen Drang sofort aufzustehen und den Raum zu verlassen. Dies soll in einer Katastrophe geendet sein, da ich nach nur einem Schritt sofort einsank. Erneut fing ich an zu dissoziieren. Man konnte mich schwer wieder befreien.

Die Zustände passierten immer nach einer Therapiesitzung. Auch Hilfestellungen brachten mir nichts, da ich schon auf dem Weg in die Einrichtung einsank. Die Kumpanen stärker, als ich.
Sie erniedrigen und fangen mich. Die ersten Monate der Therapie waren schwierig. Immer mehr verschwand ich in meiner Welt, war über 4 Tage dissoziiert.
Am Anfang der Therapie, sollte ich mir schöne Momente aus meinem Leben überlegen. Diese sollten einen definierten Anfang haben, sowie auch ein Ende. Dienen sollte es mir zur Sicherheit, dass, wenn ich Traumatherapie mache mit vergangenen Erlebnissen, das Ende finde und nicht in dem Vergangenen hängen blieb. Dennoch schaffte ich

es in den „schönen" Situationen zu bleiben. Immer wieder kamen Flashbacks. Nach und nach lernte ich nur in einem Film zu bleiben. Lange dauerte es, bis ich ein definiertes Ende fand.

„Wie verhalten Sie sich nach Flashbacks?" Drang es durch meine Ohren. Diese Frage stellte mein Therapeut. „ICH soll herausfinden, wie ich mich nach Flashbacks verhalte?! Dies war ein hohes Ziel. Wie könnte ich das nur erreichen? Wie folgt fing ich zu Hause an, an mir zu arbeiten.
Eine Tabelle fertigte ich an. Das Datum soll eingetragen werden, die Uhrzeit und mein Verhalten. Oftmals war ich ohnmächtig im Verhalten. Dies zeigte sich stark am Anfang meiner Selbsthilfe. Keine Hilfe nahm ich von meiner Umwelt an. Manchmal wachte ich auch einfach so wieder auf und arbeitete einfach weiter, wie zum Beispiel an Referaten oder ähnliches.
Ablenkung war eines der meist aufgeschriebenen Verhalten, die ich eintrug.
Während der Traumatherapie wurden aus Flashbacks häufig Dissoziationen. Dies lag an der unertragbaren Stärke der Filme und Bilder aus meiner Vergangenheit.
„Wofür lebe ich noch?" wieder einmal in meinen Ohren. Noch, habe ich keine Antwort auf meine Frage, die mir Leben schenken soll.
Die Filme vermehrten sich. Es wurden mehr und mehr. Des Weiteren wurden sie noch detailreicher, wie zuvor schon. Ich konnte Bilder oder Filme jeglicher Art nicht mehr aushalten. Den Kopf hätte ich mir zerschlagen können. Es ist nicht zusammenzusetzen. Dies macht das Gefühl der

Ohnmacht für mich stärker. Vermehrt machte ich mir Schuldgefühle.
Habe ich denn doch Schuld an dem Missbrauch? Habe ich Papa angezogen? Mein Therapeut gab mir Beispiele: „Ein Mädchen, das jünger ist, als der Vater, hat es Schuld daran, dass der Vater sie missbraucht?" „Nein"… „ , klang leise aus dem Mund, welches vom lauten „Ja" nachgeführt wurde. Das Mädchen hatte laut meiner Meinung Schuld?! Warum soll sie denn aber „Schuld" haben, wenn sie noch so jung ist. Das Mädchen wäre doch gar nicht in der Lage allein Entscheidungen zu treffen?! Dennoch hatte sie Schuld.
Ab sofort muss ich lernen, dass Schuld und Verantwortung nicht gleichgestellt sind. Denn die Verantwortung hatte in diesem Beispiel der Vater, da der älter ist, als das Mädchen. Dadurch, dass er die Verantwortung für sein Verhalten hat, müsste die Schuld logischerweise auch bei dem Vater liegen. Aber es wollte nicht in meinem Kopf. Ich muss die Schuld vergessen. Nur so kann ich versuchen, meine Wahrnehmung zu ändern. So dachte ich. Nun gab es keine Schuld mehr, sondern nur noch Verantwortung. Dieser Satz erleichterte mir tatsächlich meinen Alltag.
Die „Schuld" verlor für mich die gewohnte Bedeutung.

Nun ging es in der Therapie um andere Dinge. Aber mich überkam Angst während der Therapie etwas anzusprechen. Dies lag an meinen bisherigen Erfahrungen. Denn niemand konnte mich zuvor aushalten, wenn ich anfing zu erzählen. Ich bekam das Gefühl andere Menschen zu verletzen. Da ich dies nicht wollte, fing ich an zu schweigen. Es war nun meine Aufgabe zu lernen mir selbst zu helfen. Gleichzeitig musste ich meinem Therapeuten in einer der nächsten Sitzungen mitteilen, dass ich das Vertrauen verlor. Zu meinem Therapeuten war es mir wichtig Vertrauen aufzubauen, da sonst die Traumatherapie nicht sinnvoll wäre.

Immer wieder schickte „Inni" mir Bilder. Ich verstand nicht warum sie dies tat. Nun musste gearbeitet werden Ich musste lernen mit den Flashbacks umzugehen. Die Therapie war der Verarbeitungsort. Es ging aber nicht direkt an die Traumatherapie. Ich musste stabil sein. Es fehlte ein „Innerer sicherer Ort". Wo fühle ich mich wohl und sicher. Klar war, dass es kein geschlossener Raum sein darf. Der Ort musste Farbe haben und ich muss mich frei fühlen.

Es war ein „Sonnenblumenfeld". Mit der Farbe „Gelb" assoziiere ich Fröhlichkeit. Die Weite stellt für mich Freiheit dar. Dies ist nun mein sicherer Ort.

Ich sollte dahin, wenn ich mich von den Kumpanen bedroht fühle. Dies bedurfte viel Übung. Auch nach langer Zeit schaffte ich es nicht den Ort einzusetzen, weil ich mich nicht darauf einlassen konnte. Dennoch fing ich mit der Traumatherapie an. Anfangs dissoziierte ich oft. Die Bilder waren mir zu viel. Ich konnte sie nicht verarbeiten. Große Schwierigkeiten begleiteten mich. Die Dissoziation wurde zu meinem zweiten zu Hause. Fast jeden Tag war ich nicht ansprechbar. Ich verlor viel Zeit, die ich anders hätte verwenden können.

Ebenso entwickelte ich eine stark ausgeprägte Essstörung. Ich aß überhaupt nichts mehr. Das Papier- essen stellte sich bei jedem Hunger Gefühl erneut ein.
Ich erzählte meinem Therapeut davon, der jedoch abblockte. Er sagte, dass es meine Entscheidung ist, in welchen Mengen ich esse. Mein Wunsch war jedoch, dass ich Verständnis für das „Nicht- Essen" bekomme. Der wurde mir nicht erfüllt. Die Einrichtung reagierte auf die Essproblematik strikter. Es wurden Abmachungen getroffen. Wollte ich etwa dies? Beide Extreme wollte ich nicht fühlen. Dennoch verhielt ich mich ambivalent. Warum wollte ich nicht essen, war eine der wichtigeren Fragen. Zum einen zwangen mich die Kumpanen auf Nahrung zu verzichten. Zum anderen habe ich bis zu diesem Zeitpunkt immer noch nicht gelernt, dass Nahrung mich nicht sofort platzen lässt. Die Masse der Kalorien, die dort vor mir liegen würde, würde mich wie ein Ballon aufblasen. So war meine Theorie. Darüber hinaus wollte ich Papa nicht aufgeben. Das Essen hat also große Zusammenhänge mit Nähe und Aufmerksamkeit. Wie kann ich diese beiden wichtigen Dinge anders bekommen, als über das Gefühl der Verbundenheit mit meinem Vater?
Ich hatte keine Antwort parat. Mehr soziale Kontakte? Aber ich mache doch schon so viel mit Freundinnen.
Das Resultat, ich konnte von niemandem Nähe und Aufmerksamkeit bekommen. Sollte ich nun gefühlskalt werden?! Ich hatte kein Glücksgefühl mehr. Die Einrichtung wurde täglich schwieriger. Nach vielen Sitzungen bei meinem Therapeuten

lernte ich mit meinen Flashbacks umzugehen. Nähe, Geborgenheit und Aufmerksamkeit waren keine Themen mehr. Wichtig war für mich einen besseren Umgang mit den Flashbacks bekommen zu können. Es war so unglaublich schwierig mit meiner Vergangenheit umgehen zu können Dennoch änderte sich die nächsten Monate nichts an meinem Essverhalten.

Zusätzlich zur Essstörung entwickelte ich eine Zwangsneurose. Ich schaffte keinen Tag, an dem ich nicht mindestens zweimal duschen war. Hände mussten immer dann gewaschen werden, wenn etwas angefasst wurde. Ich kaufte mir meine eigene Seife.

Die Problemverhalten am Anfang der Traumatherapie waren ausgeprägt. Dies gab sich jedoch im Laufe der Zeit. Die Essstörung blieb weiterhin mein treuer Begleiter.

Meine Aufgabe war neben der Traumatherapie, mir etwas Gutes zu tun. Kein Glück der Welt auf meiner Seite. Dies war das Gefühl, welches ich hatte. Ich musste leiden! Das waren die Worte, die ich von den Kumpanen bekam.

Der Aufenthaltsort der Flashbacks befand sich nun in der Therapie. Genau hier saß ich nun auch. Auf einem weißen Schwingsessel. Ich befand mich in der Welt der Kumpanen. Zwangsläufig muss ich also dissoziiert gewesen sein. Mit mir im Raum mein Therapeut, der bestimmt gerade dabei war, mir bei der Verarbeitung zu helfen. Dann hörte ich Stimmen. Dies war nicht mein Vater, der mir wieder etwas zuflüsterte. Unbekannte Stimmen, woher kamen sie denn nur? Es war mein

Therapeut. Ich kam also aus der Dissoziation heraus?! Dann wieder Papas Stimmen. Welche waren nun stärker? Ich war dabei mich in die Stimmen von Papa hereinfallen zu lassen. Dann hörte ich auf einmal ganz nah an meinem Ohr ein Schnipsen. Ich war schon fast in der Realität. Ich sollte reden. Was soll ich jetzt erzählen, ging in meinem Kopf vor. Ich will nicht reden.

Also gut. Antworte ich nun einfach auf die Fragen meines Therapeuten. Es war verblüffend. Ich rutschte nicht noch einmal in die Dissoziation hinein. Es war Realität. Wie funktionierte das? Das muss ich lernen! Zu Hause funktionierte dies aber auch nach langer Zeit nicht. Der Ort war ebenso mit Erinnerungen gekoppelt. Weiterhin blieb ich dort lange Zeit dissoziiert. Ich lernte jedoch mir nach jeder Phase Hilfe zu holen. So passierte es, dass ich benebelt die Treppe hinunter gehen wollte, um eine Betreuerin um Hilfe zu bitten. Dies schaffte ich jedoch nicht. Ich fiel die Treppe hinunter. Glücklicherweise war es nur eine Schürfwunde, die ich mir an der Stirn zuzog. So konnte es also auch nicht funktionieren. Nach der Phase darf ich also nicht aufstehen, um mich nicht in gefährliche Situationen zu bringen.

Meine Eltern bestimmten indirekt über mein Leben. Mein ganzes Tun wurde überwacht. Ich machte dies in der Therapie zum Thema. Ich will doch Leben!

„Was gibt es Gutes an Ihren Eltern?", so mein Therapeut. Mein Vater gab mir Aufmerksamkeit, aber das konnte ich doch nicht meinem Therapeut jetzt entgegnen. Meine Mutter…, das war schwierig. Was konnte ich zu meiner Mutter sagen?

Ich weiß es nicht. Sie war mit mir nach einem Einkauf eine Cola trinken. Ist es der Maßstab, den ich bei ihr ansetzen sollte? Nein, damit gab ich mich nicht zufrieden. Mit einem Zwang versuchte ich meinen Kopf zu durchbohren. Es muss doch etwas geben…. Nein, ich finde nichts.
Auch stellte ich mir die Frage, ob ich die geplante stationäre Therapie noch machen sollte. Ich war mir unsicher. Mein Umfeld wollte ich behalten. Dies war mein neues, hart- aufgebautes Leben. Dennoch ließ ich mich auf der Liste.

Mein neues Ziel war es nun eine eigene Wohnung zu haben. Die Betreuer bestärkten mich nicht in meiner Idee, sowie in der Planung. Ich schaffe es aber auch ohne euch! Es ging an die Wohnungssuche. Ein halbes Jahr brauchte ich, bis ich eine Wohnung in passender Preislage fand. Während des Umzuges war es plötzlich soweit. Ich war wieder zuversichtlich und fröhlich. Ich fing wieder an zu essen. Auch, wenn es nur Joghurts waren, die ich nun aß, aber es war ein Anfang. Auch dissoziieren tat ich nicht mehr oft. Dies kam höchstens ein- bis zwei- Mal im Monat vor. Krisen musste ich auch überstehen. Aber es war nicht mehr so hart. Dies könnte daran liegen, dass ich nun weiß, dass ich alleine bin. In der Einrichtung war es so, dass vierundzwanzig Stunden jemand im Dienst war, der mir hätte helfen können und dies nicht tat.

Ich war auf mich allein gestellt. Diese Verantwortung nahm ich ernst. Unglaublich gute

Gefühle begleiteten mich. Hatte ich es geschafft? Lebe ich endlich? Meiner Meinung nach, tue ich es. Die Essstörung habe ich immer noch nicht ganz überwunden. Aber ich esse etwas. Das finde ich wichtig.

Dann kam es dazu, dass ich einen Mann kennen lernte. Drei Jahre älter als ich. Es kommt sogar zu einer festen Beziehung. Dies obwohl ich große Angst vor festen Beziehungen hatte. Ich habe große Angst im Stich gelassen zu werden. Daher ging ich auch die Zeit vorher keine Beziehung ein.
Jedoch habe ich immer noch Probleme mit der Nahrungsaufnahme. Mein Freund sagt, er mache sich Sorgen. Er droht mir aber immer wieder „Schluss zu machen", wenn ich nicht zunehmen oder essen würde.
Es zeigen sich große Probleme. Ich verweigere die Nahrungsaufnahme, wenn er mich auffordert etwas zu mir zu nehmen. Darüber hinaus bin ich mir im Klaren, dass ich mehr essen muss. Dennoch blockiert es bei mir, wenn ich darüber nachdenke Nahrung zu mir zu nehmen.
Ich fühle mich auch nicht zu dünn. Zurzeit wiege ich 48 Kilogramm bei einer Größe von 164 cm. Es ist nicht viel Gewicht.
Ich will nicht abnehmen.
Die Angst ist, je niedriger ich mit dem Gewicht komme, desto größer könnte die Gefahr sein, wieder in die Essstörung hineinzurutschen. Dies will ich jedoch nicht.
Darüber hinaus habe ich auch mit zwanzig Jahren noch dissoziative Phasen. Dies kommt auch noch

ein- bis zwei Mal im Monat vor. Auch dies bekommt mein Freund mit.
Die Phasen sind aber lange nicht mehr so schlimm, wie sie damals waren.

Die Therapie mache ich nicht mehr. Es bringt mir nichts mehr. Ich fühle mich stabil und gut. Mein Leben lang werde ich immer wieder an meine Vergangenheit erinnert werden. Die Frage ist nur, wie ich damit umgehe.
Trotz der Umstände genieße ich mein Leben. Ich unternehme viele Dinge, die mir viel Freude bereiten.

Wofür lebe ich denn nun noch? Ein langer Weg, den ich nun zurückgelegt habe. Ich versuch es zu beschreiben.
In erster Linie lebe ich für mich. Der Genuss entspann zu DÜRFEN, mir Gutes zu tun. Ich lebe mit meinem Freund, der mir Aufmerksamkeit schenkt.
Ich lebe für die Abwechslung, die das Leben bietet, die Freiheit und Autonomie selbst entscheiden zu können.

Wenn ich zurückblicke, welche Ziele ich nun erreicht habe, weiß ich gar nicht, an welcher Stelle ich anfangen und an welcher ich aufhören soll. Zunächst hat sich die Essstörung reduziert. Ich esse immer dann, wenn ich Hunger habe. Es sind nur kleine Portionen, dennoch esse ich normale Mahlzeiten du erbreche es nicht wieder. Des Weiteren hat sich der Waschzwang ganz aufgehoben. Selbst verletzen tue ich mich seit zwei

Jahren nun nicht mehr. Darüber hinaus reduzierten sich die Dissoziations- Zustände stark. All das zusammen macht mein Leben lebenswert. All das gibt mir wieder die Freude und Lust am Leben.

Ich danke noch einmal ganz herzlich allen, die mir in Krisensituationen beiseite standen, und mich aufgefangen haben, und allen, die es immer noch tun.

Ich hoffe, dass es Betroffenen ein wenig geholfen hat, und sich ein Lichtblick entwickelt und somit auch ihr eurem Ziel entgegen blinzelt.

Angehörige möchte ich an das Herz legen, in Situationen, in denen das Kind vielleicht nur in kleinen Schritten versucht, etwas von der Liebesbeziehung zu der Person preiszugeben, richtig hinzuhören, aber auch nicht in Panik zu verfallen, sondern dem Kind klarzumachen, dass es immer einen Gesprächspartner gibt, mit dem es sich austauschen kann. Gleichzeitig auch noch mit dem Jugendamt aktiv werden, um noch einige Hilfestellungen zu geben, da das eine Straftat ist, die schwerwiegende Folgen in der Seele des Kindes hinterlässt und das spätere Leben beeinträchtigt.

Nachwort

Erst einmal hoffe ich, dass euch meine Aufzeichnungen geholfen haben, Betroffene zu verstehen, und zu helfen, denn viele Betroffene, lernen erst sehr spät sich Hilfe zu holen, und sich auszudrücken. Die richtigen Worte zu finden. Die Geschehnisse machen sprachlos.

Weiterhin möchte ich mich bei allen Bedanken, die mir stets zur Seite standen.

Vielen Dank an den Verlag, der mir überhaupt ermöglichte, mein Buch zu veröffentlichen.

… und natürlich den Lesern, denen ich viel Glück und Kraft wünsche, für das, was auch immer anstehen wird…

…